AF576215

L'élan demain qui chante

Hélène Muchembled

L'élan demain qui chante

LE LYS BLEU
ÉDITIONS

ISBN : 979-10-422-2141-6

À Alain,
avec tout mon amour en retour.

Avis au lecteur

Quand on écrit à la première personne, au moins c'est clair : tout est subjectif.

Philippe Djian,
Romancier, nouvelliste, parolier et scénariste

Le Bonheur a marché côte à côte avec moi ;
Mais la FATALITÉ ne connaît point de trêve :
Le ver est dans le fruit, le réveil dans le rêve,
Et le remords est dans l'amour : telle est la loi.
Le Bonheur a marché côte à côte avec moi.

Paul Verlaine, *Nevermore*

Préface

L'écriture d'Hélène Muchembled est un art de dissuasion massif contre le fatalisme.

Sa création transcende la simple résilience.

Dans cet *élan*, bien davantage que d'espoir, c'est d'intégration du bonheur, d'amour, de mémoire et de respect qu'il s'agit – du vrai respect, du respect réaliste, sans idéalisation, de la personne aimée et des valeurs partagées –.

Ce bonheur passé reste présent pour toujours. Il n'est plus ici question de temps, d'épreuves, ni de manque.

Fabrice Lanvin,
Psychiatre

Première partie
L'élan ultime

I
L'élan brisé

Dimanche 26 juillet 2020 – 17 h 30 – Lille

Je suis bien arrivée. Trop tard. Quoiqu'à l'heure dite.

II
L'élan impulsé

4 juillet 2020 – Midi – Santes

— Tu vas me faire le plaisir de clore cette histoire une bonne fois pour toutes ! Tu m'entends ? Parce que tu t'enlises là, excuse-moi de te le dire aussi sévèrement, dans un passé douloureux qui te poursuit à force d'être ressassé, qui te ronge, te freine, t'inhibe dans ce qu'il t'est donné de vivre désormais. Alors, prends-toi le temps que tu estimes devoir prendre pour le terminer, ce bouquin, je ne sais pas moi, pose des congés, sortons moins souvent, isole-toi là-haut chez nous dans ton bureau, ou chez toi pour un moment encore si tu préfères, en tous cas : parles-en moins et écris-le jusqu'au mot FIN ! Crois-moi, cela t'ôtera un sacré poids et me soulagera avec… Je te laisserai libre de ce temps que tu juges nécessaire pour achever ce que tu nommes toi-même « travail » et que, pour ma part, je respecte – ET-QUE-POUR-MA-PART-JE-RESPECTE –, oui ! solde ton compte épargne temps au besoin, mais solde-moi cette histoire qui te fait mal puis passe à autre chose enfin ! Avance bon sang ! Non pas que de te savoir consacrer des heures entières à écrire sur ce que je qualifie, moi, « d'ordure » – torture mentale que du reste je peine à saisir, hein ! – me réjouisse, mais finis-en avec ça ! Non pas que j'y tienne personnellement, mais simplement parce que tu te le dois à toi, tu entends ? TU-TE-LE-DOIS !

Abasourdie.

Te faisant face à la terrasse de cet estaminet santois, choisi pour toi par moi parce que sis sur ton ancien terrain de combat – la bien nommée *5e circon*[1] dans notre jargon –, parce qu'à ce que nous souffle l'enseigne de ces murs, *De Bouche à oreille*, en principe s'y susurrent en confiance de savoureuses confidences, davantage que s'y murent en contrits silences des amoureux confus, parce que si sûre de nous, de la teneur sublime autant que de la chaleur intime des échanges qu'à mon sens nous étions censés y nourrir, certitude à tes lèvres assassines brusquement suspendue, je demeure bouche bée de ce qu'avec dureté, aussi soudaine qu'inhabituelle à mon endroit, tu infliges à mon oreille à cet instant-là.

Une férocité que je ne te connaissais guère que dans l'arène politique, dont je ne soupçonnais pas qu'elle puisse atteindre à le meurtrir ce cœur retranché derrière la tribune des offenses passées, le mien en l'occurrence, de toi tant *adoré*.

Estourbie. Bouche bée. Mouchée. Coite devant tant de culot. Sur le cul. Le bec cloué. La vindicte vissée au dossier, la riposte prostrée à table, la révolte ravalée sous le joug de ta pupille impérieuse, le reproche grippé par le satisfecit qu'esquisse sur ton faciès d'assaillant la moindre de tes commissures, l'orgueil défié par l'impatience à laquelle ton écoute impérative en retour me soumet, mais qui malgré lui se tait. Tu mon orgueil par ta sagacité agacé et qui, dès lors, s'admet par ton assaut intrépide terrassé, criblé par trop de lucidité.

Car tout est vrai. Oui, impitoyablement vrai. Rien ne manque ni ne ment. Non, rien ne ment de ce que tu assènes vaillamment, ce midi-là, sur un ton intraitable, qui au plus m'est insupportable, au plus t'est profitable, avec un ascendant amplifiant à mesure qu'il met ma défense en sourdine, façon *persiste et signe* à la sonorité offensive, à la résonance quasi jouissive qu'émet dans le même temps l'acuité invasive de ton regard… Un de ces regards qui vous scrutent à nu, vous glacent les sangs, vous percent à froid, à l'aune de l'effroi que ton cinglant propos en moi sitôt provoqua, un regard d'un bleu limpide qui à l'accoutumée tendrement m'étreint, un regard d'un bleu nuancé

---

[1] Circonscription électorale, « circon » dans le jargon politique.

et perfide désormais, qui vertement à la contre-attaque me contraint – un débat ouvert dans mon intérêt, envers et contre moi-même.

En effet, tu m'aimes. C'est un fait. Et si de jouissance il est ici question, c'est bien de la somme de mes inhibitions dont, à les vitupérer justement, tu me délestes, et non de les énumérer froidement dont tu te délectes. Tu ne prétends à rien d'autre présentement qu'à provoquer en moi l'électrochoc qui, ainsi raccordé au fil des vérités qu'à mes oreilles il me semble que violemment tu vocifères, mais qui en ta bouche se revendiquent aimablement nécessaires, se pourrait salutaire. Au risque de me perdre. À cette idée d'ailleurs, sous l'apparente suffisance de ce calme olympien que tu opposes à l'assaut de mes larmes qui se contient, tu es terrifié. Tu me l'avoueras peu après.

— Parce qu'à toujours te plaindre, encore pleurer, parfois accuser, en quoi cela te fait-il avancer ? Le boulot, la politique, tes déceptions présentes et passées… Je ne dis pas que *l'autre*, que les autres n'y sont pour rien, mais toi, ta stratégie à toi, quelle est-elle ? Qu'opposes-tu concrètement à tout cela ? Tu as un talent fou, et tu le gâches ! Tu TE gâches !

À ces mots, c'en est trop. Que tu ne mâches pas. Trop *cash* pour moi. Je me sens défaillir au gré des failles qu'insolemment tu égrènes. La coupe de nos déboires à venir selon toi est pleine, risque de déborder si nous tardons à nous en emparer. Ainsi que notre couple, sous la coupe du cumul des non-dits, menace de partir à la renverse si nous ne vidons, prestes, notre besace. Alors de me la servir tu t'empresses. Non sur un plateau d'argent, mais sans ménagement sous mon nez. Qu'à mes lèvres déposée, la potion obtempère ! Qu'une fois décantée, à sa suite émergent structure, équilibre et matière ! Tel est le toast exhausteur qu'en me faisant trinquer je t'entends porter. Mais la lie, âpre, de tes récriminations me reste en travers, pour peu sonnerait l'hallali de notre relation, la précipiterait dans le précipice de mon quant-à-soi (sans compter ce qu'au sujet de tes expériences passées tu m'avais indiqué : « je me suis toujours arrangé pour que ce soient *elles* qui me quittent »). Hébétée, je me tiens sur mes gardes, je reste sur ma réserve, les sens en alerte, le cœur aux abois. Ton breuvage manque quoiqu'il en soit de dosage, de rondeur, d'élégance selon moi. En fait de quoi, c'est la tasse que je bois.

Quand, enfin, cette bouée qu'in extremis je reçois de toi :

— Ou alors est-ce moi ? Moi qui ne te rends pas heureuse ? Insuffisamment en tous cas…

Interloquée. La contrevérité en bouclier ! L'absurde pour armure ! L'évidence sourde qui t'absout, mais surtout, le spectre de la rupture que subitement mon sursaut conjure.

— Je t'interdis de dire que tu ne me rends pas heureuse ! Parce que c'est faux ! Et parce que je ne l'ai jamais autant été qu'à tes côtés !

Présentement, c'est moi, bien moi, qui comme jamais tremble de te perdre. Et qui par cet élan de mes tripes qui en tressaillent, enfin le manifeste. Un cri de terreur sorti du tréfonds de mes entrailles. Surgi du puits du cœur. C'est Vénus tout entière à son œuvre harnachée ; Arachné bien trop fière en sa toile empêtrée ; Pénélope, par la sienne engourdie, secouée. C'est Hélène, prise au piège, par ses peurs assiégée.

Accablée. À l'idée de tout perdre. Par ton amour à commencer. Un amour tendre et enveloppant, densément loyal pour avoir été naguère insensément rudoyé, un amour tissé au fil de ton ambition folle, suivant un canevas savamment maîtrisé, aiguillé qu'il fut par maintes déconvenues… Un amour expert, cette fois convaincu, à l'ancrage serein depuis son rivage affermi, davantage que le mien aux contours, parce qu'encore amers, parfois encore incertains… Un amour sincère, déclamé par toi au quotidien, défiant au jour le jour mes humbles répliques, frileuses sur le sujet par crainte, à trop le traiter, de l'en trouver galvaudé… Un amour que je tenais jusqu'alors pour solidement arrimé : aux actes forts que tu as osés, innombrables et fondateurs telles d'inébranlables balises sous mes frêles enjambées déposées ; à ta fougue itérative ; à ton ardente et ferme volonté.

Et moi d'agréer et d'embarquer à pieds joints, quoique peu marins, il y a près de trois années, sur ce preux gréement ivre de promesses et d'allégresse, par ton haut gouvernail assuré. Et moi de me retrouver, ce midi-là, face à toi, à la terrasse de cet estaminet santois, estomaquée par ta manœuvre offensivement intrusive en guise de mise en bouche apéritive. Et moi de me retrouver bientôt, las !, dévastée sans toi, lasse, sans plus phare auquel me fier, si ce n'est d'écrire tout haut ce que tu m'as confié ici-bas.

III
L'élan souverain

Août 2020

Alain,

À l'instant T où je prétends t'écrire, je t'entends y souscrire. Car à t'énoncer, [alɛ̃], j'ai ouï dire qu'il le faut. À l'instinct. Tentée que je me sens par ce que prescrit, sous-tend ton prénom tout entier, lequel… à l'intérieur recèle la primauté et ma priorité révèle : ce *A* de prime abord, limpide en son sort, que toute liste à l'ouverture accule, qui de plus ici arbore sa majuscule, puis ouvre la voie à « *lain* », juste à l'un et à nul autre. La preuve par A d'emblée, première lettre et vocation première en ton prénom *Alain*trasèquement liées.

La preuve par toi.

Alain 1er. T'écrire en premier lieu et au mieux. À l'instinct, certes, à l'instar, peut-être, d'un tas d'histoires qui nous précèdent, à l'improviste, il va de soi, puisque le contexte, funeste, m'y invite, mais t'écrire avec style en tous cas, de cette plume sincère qui t'avait ému, car à l'imparfait mon amour, à l'inverse, n'est tenu.

T'écrire. Non à toi qui n'es plus, qui tant et plus m'exhortas à l'écriture, maintes fois désarmé que ma volonté bien inspirée chût en ratures ; toi qu'il m'aurait plu de contenter par ces lignes dédiées autrement qu'à titre posthume ; non à toi, mais t'écrire toi, qui mourrais une deuxième fois, en moi cette fois, si même au fait extrême de ta mort je ne m'attelais pas à donner corps et sens à ce dont tu martelais l'importance.

Ta mort qui désormais m'obsède et m'intime d'opposer, avec force, au mot fin qui s'impose, le besoin qui m'anime : embaumer nos liens au moyen des beaux mots – beau… la signification même de ton prénom en est une injonction.

Beau. Bien. Et vite.

À l'indélicatesse de ton départ, objecter le temps de parole qu'il me reste.

À l'incrédulité devant tel cauchemar, signifier en boussole les faits qui nous attestent.

À l'infâme qui nous sépare, rétorquer que ton empreinte au sol n'a cessé d'être.

Bref. T'écrire au détour de nos « si », de nos « oui », de nos doutes et de nos envies, avec ou sans fard, pour qu'en d'autres yeux que les nôtres se découvre, se parcoure et s'éprouve cette *Histoire d'A*, non pas d'adieu, mais d'*Alain*finiment toi.

IV
L'élan du quotidien

22 juillet 2020 – 19 heures – Lille

Je suis rentrée tôt ce soir, une heure plus tôt que prévu, mais bille en tête ainsi qu'entre nous convenu, tard hier, lors de mon appel. Un de ces coups de tel faussement sages passés et reçus depuis nos lieux de vie encore distincts – quel vœu pieux et preux que ce fossé qui peu ou prou nous tient en patience, respectable quoiqu'en vain à l'approche du pieu commun, puisque si proche est mon saut du lit dans le tien, proche mon emménagement, dans quelque temps seulement, deux ou trois semaines à *peine*…

En patience, mais non point à distance, tant ce chambre à part de circonstance, dont, en cette fin juillet, à la netteté de mes draps juste défaits, l'on comprend aisément le défaut de pertinence à présent, comme l'on sent poindre, évidente, l'échéance, aura constitué l'antichambre-aubaine de notre appétence certaine, week-end après week-end, à nous retrouver.

De circonstance : statu quo premièrement maintenu par toi, qui par trop avais goûté déjà au matelas conjoint que creuserait immanquablement le poids du train-train, fade et désolant ; pour finalement, au gré de débats par notre bel équilibre progressivement atténués comme de nos ébats par ce bête va-et-vient invariablement contrariés, ne plus disconvenir qu'il puisse, entre toi et moi, en être différemment.

À moins que ce ne fût ma propre propension à tourner les talons à la première difficulté, ou même mon adoption aisée, d'emblée et sur le long terme, de cet ordinaire dédoublé imposé, qui te fit (r) éprouver les effets pervers de tel système : parce qu'en fait de séduction en vis-à-vis, ce furent au fur et à mesure des vacuités subies, et sévirent les temps longs à deviser seul, à pallier par toi-même. Et ainsi donc tu t'es ravisé : quoique hardi quant à l'énoncé du principe, tu n'étais pour autant pas né Dutronc ni, soit dit en passant, de la dernière pluie… Ô Liberté que femme chérit…

Dès lors, enclenché le processus inverse, ébranlée ta forteresse, chahutées mes chastes réserves, jusqu'à ce qu'au printemps deux mille vingt tes manques plus mes attentes fassent consensus et que soient proclamées du deux en un les vertus manifestes.

À table notre soif partagée d'Absolu ! Au diable les affres passées et indigestes.

De chicanes, d'anicroches, il serait de toute façon question. De ce refrain obtus contenu en toute cohabitation, tu étais fermement convaincu et m'avais par anticipation assurée de son caractère sain, de son gain plein et entier, de l'avantage qu'il se peut trouver dans l'adversité, laquelle, quand elle n'a pas eu raison de la relation, de facto la raffermit, rabiboche et rapproche. Ce fécond rapport de force, qui avait élu droit de cité dans ta pratique de la politique, je te soupçonne de nous y avoir adroitement incités à maintes reprises, à tes fins névrotiques ; d'avoir, pour ainsi dire, instillé en notre sphère privée la surdose requise de piquant doux ; d'avoir, bien inspiré, jeté le trouble : le risque était de mise, à ton instigation promptement j'ai pris goût.

J'en veux pour preuve notre déjeuner du trois juillet dernier, quand j'ai lu, a posteriori du récit que j'en ai fait, toute l'ingéniosité, celle qui te ressemble et qui, par l'élan en moi sitôt impulsé, redoublé par l'émoi qu'en t'en allant tu as suscité, scelle, ce me semble, nos vocations respectives : sous mon crayon mû par ta perspicacité, toi l'homme de perspectives qui les miennes auras augmentées.

Et quand au jour de ta mort il me faudra endosser l'âpre réalité et sa douleur, endurer les heures damnées qui s'ensuivront, me confronter à leur revêche incarnation, à me morfondre dans de beaux draps, non plus les nôtres, il va de soi, mais dans d'autres, immondes et tellement revêches sans toi, alors mes maux dans tes mots se blottiront, querront consolation au creux de tes apports dont nos proches eux-mêmes, par procuration, me réconforteront. Et mes maux alors, peu à peu s'apaiseront.

Il me sera bon, en effet, d'ouïr ta frustration d'avant, du temps de mon indécision à conjuguer en mode quotidien notre relation hors du commun, par crainte justement de mettre ce trait en péril, comme il me sera bon de jouir, a posteriori, de ton exaltation fébrile à l'idée de nous inscrire, couple insensé que nous étions, dans cet ordre du possible : ainsi, ton plus proche neveu, en nombre de kilomètres et davantage en affinités politico-sportives encore, me servira-t-il, insatiable à ton sujet – sans doute pour ne jamais le/te perdre de vue – , ton aveu de tendresse délivré lors d'un de vos tête-à-tête réguliers, celui d'un impatient éperdu, réduit à implorer ma venue, ivre de l'attente du verdict, devenu intenable.

— Mais qu'est-ce qu'elle attend, bon sang !

— Ben alors tonton ! On est amoureux ?

Bis repetita placent ! Oh ! Que oui, il est plaisant de bisser la scène, fût-elle rejouée par d'autres lèvres que les tiennes, sous nos vivats te tenir en éveil…

De même, il me sera d'un réconfort certain de repenser au crédit que ton fils, par la portée décisive de son entremise, accorda à notre mise en commun, quand, un serein soir de juin, au nom de toi il s'en montra complice : « je te propose, papa, pour qu'Hélène arrive et vive au plus vite auprès de toi, de kidnapper ses chats ! Tu verras, illico elle rappliquera ! »

À cette (re) marque de reconnaissance d'un lien de confiance envers le nôtre, j'ai mesuré la teneur effective de telle revendication et acté en définitive le bien-fondé de notre union.

« Tu sais qu'je t'aime ? Ben non ! Tu ne le sais pas ! Je ne te le dis jamais, alors… » : de cette redite amoureuse enfin, dont tu scandas, plaisantin, notre quotidien, je te sais gré, Alain, car je l'ai désormais bien dans l'oreille, me la suis répétée à moi-même post mortem, un talisman pour l'éternité, mon totem.

***

22 juillet 2020 – 19 heures

Je suis donc rentrée tôt ce soir, et bille en tête, promise à ce câlin que tu attends, remise à ce qu'Alain, aimant, prétend… Basta les amis, basta le sport, basta… sauf toi : moi aussi, j'ai très envie de nous, de toi ; une envie qui nous presse, va savoir pourquoi, une envie qui nous somme, en somme, en vie que, ce soir encore, ensemble, nous sommes.

V
L'élan sensible

22 juillet 2020 – 21 heures – Lille

— Attends ! Choisis-nous un disque d'abord. J'ai envie d'un peu de musique avec toi, avant…

Prégnant est ton regard alors, aimant, implorant par cette phrase laconique de retarder les débordements fatidiques que fomentent nos désirs convergents, venant saborder l'élan érotique de mon torse, cet impudent, serpentant, diabolique, entre les accotoirs de nos deux sièges fétiches et attitrés, dont les rebords font rempart à notre épanchement sudoripare.

Il se fait tard, seulement. Et voici que, non content d'avoir permis, un soir encore, deux heures durant, que la chose politique pérore jusqu'à mordre sur notre cause égoïste – la politique, l'ogre de toute ta vie qui en dévorera jusqu'à tes derniers instants –, dénonçant une fois de plus, par une sorte d'indulgence tacite, la clause de non-concurrence affective qui, pourtant explicite, a régi dès son amorce notre modus vivendi, tu risques un faux départ. Et oses la césure.

Nulle injure que cette pause à notre appétence imposée ;
Séance suspendue aux ordres de ton émotivité,
Qui au ralentissement invite, élabore son décor :
De l'importance de notre mise à nu, ce qu'elle suppose
De parler vrai, à ne rien dire, nos vérités juxtaposées.

Dolce. Virtuose du point d'orgue, tu instaures un silence éloquent qu'amplifie l'attente à la mesure de notre envie grandissante. Si ce silence est d'or, c'est d'être dense de ce que chacun offre à autrui d'y percevoir. Et ton regard immense qu'évase sa puissance, vibrant d'intensité, aimante mes pensées. Je pense en effet qu'il se fait tard, mais qu'à cet adagio des sens que tu entames, péremptoire, mon corps s'accorde évidemment, et que l'ici et maintenant, par evan*essence* – bientôt admise à mes dépens –, commande de s'y attarder. Urgemment.

Savoir durer. À l'instar du politique. Faire effort et avoir foi. S'imposer soi puis sa cadence. Ne point feindre, à jouer les cadors. Maîtriser. Car l'Art d'aimer, comme de vaincre, ne consent absolument rien au hasard. Encore moins à l'à-peu-près. Et la musique, chez toi, laisse à voir les coulisses du sens que tu y mets – également complice de toutes tes campagnes électorales, dans quelques pages j'en reparlerai.

Tu insistes.

— S'il te plaît. Mets un disque. Je souhaite que ce soit toi, ce soir, qui le choisisses.

Lentement s'évanouit le bruit de mon impatience, s'étouffe avec lui le son incongru de toute protestation, et progressivement, tel un second mouvement qui naturellement s'ensuit, mon émotion se met à ta portée, au diapason de ton orchestration : ici et maintenant, depuis le temps que j'y songe, inhibée que je suis par la nudité crue à laquelle ce pupitre solo me confronte, je te livre une interprétation choisie à titre de confession, les mots d'un autre duo en écho… Écoute donc ceci, Alain, et sonde combien est profonde ma fêlure, ainsi que l'est ma confiance en toi, démesurément :

Ne me raconte pas d'histoires
Tu sais bien, ce qui ne tourne pas rond
Chez moi, ne m'en demande pas trop
Tu sais bien, que les fêlures sont profondes
En moi, ne t'accroche pas si fort
Si tu doutes, ne t'accroche pas si fort

Si ça te coûte, ne me laisse pas te quitter
Alors que je suis sûre de moi
Je te donne tout ce que j'ai alors essaie de voir en moi que
Je t'aime
Mais je t'aime
Je t'aime
Je t'aime
Je t'aime
Je t'aime
Je t'aime du plus fort que je peux
Je t'aime, et je fais de mon mieux[2]

Grand Corps Malade. Ce géant de la rime fait mirador, qu'escalade notre sort infirme arrimé au miracle de ses sonnets, slamés, transcendants.

À mesure que s'écoule et fond sur nous la partition, que ma voix, trouble, murmure les couplets, accablants d'amour, dégainés par Camille Lellouche, dont le doux grain grave, rauque et sucré, en mon nom te touche, ton émoi en frissons suffoque et ondoie. Tu en as manifestement le souffle coupé. Ce *je t'aime* que depuis des mois je censure, pour me l'être par le passé fait piller, dont du bout des lèvres soudain je te crible, par huit fois d'un coup, ce *je t'aime*, visiblement, a ciblé juste, t'a ému : de languide en allègre, notre troisième mouvement précipitamment s'est mû.

— On monte ?

***

1er août 2020 – Midi

Sur le chemin retour de ton inhumation, dans la voiture qui de Valenciennes à Lille me ramène, passagère moi-même éteinte confiée

---

[2] *Mais je t'aime* – Grand Corps Malade & Camille Lellouche.

aux soins d'un entourage amène, s'insère sur les ondes, signe divin, la chanson :

Si j'avance, avec toi
C'est que je me vois faire cette danse, dans tes bras
Des attentes, j'en ai pas
Tu me donnes tant d'amour, tant de force
Que je ne peux plus me passer de toi[3]

En fait de danse, c'est au centre d'une ronde qu'alors Grand Corps Malade nous entraîne : comme dans une chaîne d'union, aux vibrations de sa voix, je me sens reliée à toi ; cet entrelacs de sons, de midi me renvoie à notre dernière nuit, et mon cœur bat, à tout rompre, à l'unisson de ton amour infini.

---

[3] Ibidem.

VI
L'élan intime

22 juillet 2020 – 22 heures – Lille

« Quel beau cul ! Quel beau cul… »

À y songer, désormais que jamais plus tes pensées par elles-mêmes ne l'envisageront, ni tes yeux ne le détailleront, ni tes mains ne l'aborderont, ni tes doigts ne le courtiseront… j'aurais voulu l'avoir moins beau, ce cul, et en avoir davantage.

Dans quatre jours et durant ceux à venir, mon corps seul, orphelin de l'écho du tien, détiendra en ses courbes la mémoire intime de ta caresse ultime venue s'y loger, puissante alors, aimante, triomphante tel ton serment dernier, celui d'un cœur qui étreint pour l'éternité.

Blanches ainsi de l'argile, ces courbes, les miennes, figeront ce soir, à l'insu de ton vivant, l'empreinte façonnée par ton désir ardent arguant sa faim, soumises à la pression exercée par tes mains fébriles au maintien habile de mes hanches dociles.

Impression-sensation qu'en unique recours à ta mort qui nous prendra de court – abandon ô combien cynique en réplique à celui, tonique, de nos corps –, je n'aurai plus de cesse, dès lors, de convoquer par l'adresse de l'esprit : ceints mes contours, à travers le souvenir précis, précieux de ton dessein asservissant mes fesses, ce facétieux accostant tout en finesse le pourtour médité de mes reins.

Car bientôt, ces lignes que dans mon dos tu reluques, vorace, et qu'avec audace tu sillonnes, tandis qu'en son bas jusqu'en haut de ma nuque j'en suis le parcours à ta trace et frissonne, ces lignes, je les relierai en braille, en larmes et en personne, mon fantasme eunuque en lieu et place de tes yeux canailles, que la faux, cette garce, sans détour ni secours, aura clos.

Car bientôt, ces lignes dont tu épouses en phase le verso avec un appétit non feint, je les éprouverai, moi, de face et en solo, vouées qu'elles seront par ta fin à la pénitence de nos plaisirs défunts.

Des lignes veuves, en somme, séparées de corps, tels que d'un texte s'appréciant d'un seul tenant les derniers mots au revers d'une feuille rejetés, nues comme des vers, de leur contexte désarrimées, en haut d'une page égarées, ne rimant plus – sauf à rien. La matière sortie de son cortex ; mon tronc sans ton écorce ; une entorse que ton sort, faite au beau sexe.

Car bientôt, de notre amour physique mes lignes figureront les reliques, témoins *post mort'aime* de l'envie qu'en cette nuit tu revendiques et que je coucherai sur vélin : telle une veille authentique, pareille à linceul, Alain…

Le seul moment où la politique est loin derrière, c'est quand je suis physiquement avec TOI, L'ESSENTIELLE.

Lettres à Hélène, Alain C.

VII
L’élan favori

23 juillet 2020 – 18 heures – Lille

Tu m’as fait prendre place face à toi, énième face-à-face sur ces deux fauteuils-là, ensemble de choix puisque choisi ensemble au second mois de nos émois…

***

Février 2018

Tu m’avais fait prendre part alors, un peu malgré moi, au renouvellement de ton décor, qui à cette heure ne me concernait pas, pas encore, prestement m’impliquer en cela, comme pour m’y faire sentir bien déjà, comme s’il avait fallu dès à présent asseoir dans un futur prometteur nos débuts tout juste balbutiants.

— Tu m’as sollicitée pour mes soi-disant talents de conseillère culturelle, Alain, je te le rappelle, et non – je l’espère ! – pour ton intérieur à refaire ! À moins que tu ne regrettes ceux de ton ex plus douée que moi en la matière ?

Laquelle effectivement, j’en convenais aux quatre coins de votre foyer par elle délaissé des années plus tôt, s’entendait joliment en termes de déco.

Foireuse rebuffade que la mienne, balayée d’un revers galant par tes soins :

— Je ne doute simplement pas que ton bon goût pour les arts, mon ange, vaille en tous points !

Qu'à cela ne tienne qu'à ton envie de chine à tout prix je rechigne, que je prenne d'abord pour des lubies drolatiques ce que le recul me fera retranscrire en élans magnifiques… La belle affaire que je renâcle et même te tacle : tu es renard, tu as du flair, tu juges déjà que tôt ou tard ton refuge sera le mien et décides à cette fin de le refondre pour me plaire.

À juste titre. À ton jeu de chaises, je me suis laissé prendre assez vite, t'offrant finalement de t'amener dans mon repaire de chalands experts : *Bruxelles Antiques*, niché au beau milieu de la Pévèle, où se déniche l'authentique, où le bon goût de lui-même se révèle.

Non sans m'être auparavant dévouée à un repérage en solitaire, à errer parmi les dernières découvertes, hors d'âge, d'Andrée, la tapissière, dégotées à l'instinct, restaurées par ses mains, redéployées avec un sens inné de l'atemporel, pareil à elle : Andrée, étincelle permanente prise dans la mouvance de ses mises en vente, sylphide exaltée en son règne du raréfié, fée de nos logis à revisiter, accueillante en son antre *tantôt* aéré par ses « fais à ton aise, hein, dis ! » tintinnabulés… Chez Andrée, havrc hybride où s'égaille sa belgitude et s'aiguisent nos styles, égayés par ses aiguillages avisés.

Là, je me suis rendue seule, avant toi. Nous précéder. Pourquoi ? Orgueil et dû, à la fois. Il m'importe qu'en mon bon goût tu aies foi, que ce coup d'œil à la dérobée conforte ma présomption d'*il va de soi*, et qu'à ta venue l'adhésion l'emporte de bout en bout. Faire en sorte, déjà, que ta feuille de route préconçue, fonction de moi, ne soit pas déçue. L'anticipation par prudence, ma prévenance pour caution, et nulle question que de moi à toi l'élégance ne soit qu'une option.

Là. Eux-mêmes s'impatientaient là. Tout sujets sages et impassibles qu'ils se forçaient de figurer au passage avide des clients (les clients, ces assassins qui s'ignorent, prêts à sacrifier à la tendance hétéroclite du moment le plus indéfectible des accords !), l'insolence de leur teinte pimpante les trahissait. Supplément d'âme, de prestige ou que sais-je, leur existence même, dénuée de tout extra, les plaçait au-delà de la mêlée de leurs comparses, chamarrés pour leur part des attributs hospitaliers que sont jetés de lit et autres panoplies empruntant au douillet, mêlée de laquelle, cependant, ils se distinguaient aisément, quoique de mauvais gré. Distinction. Et provocation. Les Bonnie and Clyde Barrow de la décoration, blottis, espiègles, en plein milieu de la pègre des anodins, celle des bergères et autres crapauds devisant, deux compères au coude-à-coude se soutenant sur lattes, prêts à en débattre, si pas à en découdre, dans ce dédale folâtre des ans. Deux conquérants à l'étoffe jaune peps aguerrie, leur ossature de hêtre pour armure, jaugeant sous le couvert de ce côte à côte asservi vers qui dégainer leur offre de belle facture, ciblant les garants d'une échappée de concert et sous bonne escorte.

Dès l'entrée, je fus happée par ce jeu de sièges inertes, deux silhouettes muettes se détachant de la liesse ambiante, comme je fus sitôt assiégée par la loquacité de l'évidence qu'en leur allure pleine de désinvolture ils recelaient : une telle assise promettait de nous y entretenir avec feu.

Toi non plus, lorsque la comparution fut venue, tu ne t'y trompas pas. D'emblée, ces deux-là nous avaient tendu les bras, sauté au cou et au cœur avec la vivacité de strapontins qu'ils n'étaient point, deux galopins cherchant preneurs à l'esprit prompt, deux garnements à la rencontre de notre ardeur, rompus aux échanges que tous deux paraissions, deux trublions haute couture courtisant le fil de nos réflexions futures, tandis que nous y posions déjà, autant conquis que confiants, un peu de notre fond – pour l'heure, celui de nos pantalons.

***

Et me voilà, ce soir, prenant de nouveau place sur l'un de ces deux bandits-là, d'où chacun de nos week-ends par ton incontournable « assieds-toi, j'ai deux ou trois choses à te dire, mon cœur adoré » tu débutas, qui nous valurent tant de débats vivaces et inédits : plus de deux ans à nous y défier avec audace, à nous y inventer avec appétit, à nous y émouvoir, continuellement, à nous y projeter à vive allure, à nous y opposer, tenaces, à nous y observer, séduits, à nous y écouter, éloquents, à nous y aimer, pour sûr.

Inédits… en dépit de quelques redites, car à ta prime vocation et à son prêche, il va sans dire, il fallait bien de temps à autre consentir : député tu avais été, engagé tu restais, en passionné tu succomberais. Elle fut donc d'entre presque toutes nos discussions, calibrée comme pour s'y faufiler de façon fluide, puisque, si tu avais jeté sur elle par le passé ton dévolu, je la connaissais bien moi-même et partageais à son sujet tes déconvenues. Elle. *La 5e circon.* Dont en deux mille douze ta fervente implication n'avait, à peu de choses près, pas eu raison ; ni en deux mille quinze ma propre mobilisation, de l'un de ses cantons. Elle, la peu commode, qui, dix ans auparavant, avait privé notre Gauche de ses noces d'émeraude, était partie, moyennant deux pour cent et des cailloux, guincher, marivauder sur l'autre rive ; elle qui, costaude, jusque-là parée de ses soixante pour cent en guise d'atours au long cours, élevée au rang des majorités explicites, acquise à notre cause socialiste, s'est égarée faute d'égard suffisant un jour ; elle qui, penaude, baguenaude depuis, au rythme de seconds tours un peu trop courts – si ce n'est celui, récent[4], étayé par des votes en recours face à la Macronie.

La 5e circon. Qui à deux virgule quatre-vingt-six pour cent des voix s'était refusée à toi, comme à travers toi à renouer avec l'épopée d'antan, sonnant au passage le glas de ta vie parlementaire, aidée en cela par son propre redécoupage ajouté au charcutage, déjà, de feu *la 3e*, ta précédente terre d'ancrage.

Pour autant, *la 5e circon* demeurait désormais ton ambition. Non plus personnelle, mais à visée lointaine. L'horizon certain après la tempête. Son terreau militant la précédait, un jour la Belle à gauche reviendrait. Et d'abandon il ne saurait être en ta formation question : à la fois, de combats jamais tu n'étais las, à la fois, de loyauté envers le Parti et ceux-là qui t'avaient suivi, inspiré, nourri… tu étais pétri. Renard et retors au dehors ; protecteur, émancipateur en ta demeure.

---

[4] Législatives de 2017 déterminant le mandat 2017 – 2022.

Ainsi que d'autres de ma génération, Greg notamment, ton poulain prometteur et de loin, j'appartenais à la couvée de *la 5e circon*, la cuvée selon toi de sa rénovation.

Dix-neuf heures. Comme de bien entendu, ta favorite s'est réinvitée, réinventée en notre salon ; et avec elle sa succession de problématiques… Antienne à tes lèvres parfois que cette thématique, que je fais mienne à ta suite de façon quasi systématique. Rengaine, mais qu'à cela ne tienne : nos deux assises à nous tenir tête encore nous incitent.

Attendus que nous sommes ce soir pour fêter l'anniversaire de ta petite-fille, tu fixes les limites qu'une fois de plus, malgré mes suppliques, ni toi ni moi ne tiendrons : comme de bien entendu, *la 5e circon* et ses cantons en retard nous mettront.

Pardonne-nous cette offense, douce et pétillante Manon… N'est pas née celle qui tarira la source militante de cet engagé impénitent, enragé, qu'est ton *Papounet*… De légère mauvaise foi qui plus est : nous sommes à labour et il va de soi que c'est à cause de moi, moi qui ne sais pas l'arrêter sur le sujet et m'emploie, via mon intérêt en retour, à le relancer !

Ben tiens… Voyez-vous cela, Monsieur Alain !

***

En retard effectivement ce soir-là nous serons, comme s'il t'avait fallu prendre un train par anticipation sur le destin de *la 5e circon*, dont, sans le savoir, tu manquerais le prochain départ. Car… tu as passé l'arme trop à gauche cette fois, et en avance, sans crier gare, me laissant à quai, en larmes, vulnérable, le cœur en errance, nos projets dévastés à mes pieds déposés, semblables à des bagages éventrés, le regard rivé à ton absence, la souffrance pour seule correspondance.

Et maintenant que tu n'es plus face à moi, je m'attarde seule, hagarde, depuis des mois, sur ces deux fauteuils-là, qui me parlent de toi en permanence, de ton importance qu'on ne saurait taire, de ta présence en moi – une évidence qui ne souffre aucun débat.

VIII
L'élan du cœur

Samedi 25 juillet 2020 – Début d'après-midi

— Parce que je t'aime, Alain, je te demande de te calmer ! Ce rythme n'est plus tenable ! C'est toi le doyen et c'est moi qui me sens vidée ! Dévitalisée même ! Ce n'est pas croyable ! Parce que je t'aime, je te demande d'être plus raisonnable. Alain, s'il te plaît…

À l'autre bout du téléphone, ton silence, immense, se répand. Les quelques secondes qu'il couvre émettent l'intensité grave d'une éternité. Je perçois dans ton taire disert, ton souffle coupé. Coupé net. Soufflé, non de ce que je t'admoneste, mais par ce que je viens nettement de t'avouer, sans que nul besoin soit, cette fois, de te faire entendre le texte d'un autre pour prétexte. Mon amour. Qui t'a pris de court. Souffle court qui, sans conteste, en dit long sur ta fébrilité en cet instant.

— Alain ? Tu m'écoutes ?

— Je t'écoute mon ange, attentivement.

Alors, la liste des faits récents j'égrène : l'offensive électorale que tu as menée dans le quartier, d'arrache-pied, dès le confinement levé, pour le beffroi à gauche pouvoir garder, tes nuits agitées qui depuis quelques semaines malmènent les miennes, nos journées remplies à satiété qui le double comprennent (Eddy, mon bon ami, te l'a dit au soir de notre crémaillère : « Alain, ce que tu décris de ta journée, il me faudrait bien une dizaine de jours pour autant en faire ! »), même le quatre août prochain, programmation de ton opération du canal carpien, tu trouves le moyen de chercher à caler un déjeuner avec J.-P.B., l'ancien député-maire de Tourcoing ! (« qu'est-ce que tu t'inquiètes, mon cœur adoré, c'est une intervention banale, tu me récupères dans la foulée ! » as-tu dédramatisé), mon emménagement demain, l'itinéraire de nos vacances éclair, entre ton fils, sa chérie et l'université d'été du Parti, la France à traverser, tes derniers dossiers d'administrateur de LMH[5] à compulser, quelques passages « pour prêter main forte » par la Fédé[6], la reconversion professionnelle d'un copain dans la peine à aiguiller, notre union qui se profile à l'aune de cette longue lettre que depuis des jours tu peaufines, en plusieurs volets, que tu tiens à me remettre, complète, avant que *nous* ne s'entérine, mais surtout, *mais surtout* : la campagne des départementales, puis des régionales, qui nous attend, avec Greg et moi sur notre propre canton, l'*AG*[7] intersections à impulser – ce « frémissement » d'un rebond de la Gauche qu'à la suite des municipales tu ressentais.

Alors oui, Alain, j'ai des raisons de m'inquiéter : autant j'aime cette frénésie d'activités qui te caractérise, te rend passionnément vivant, autant j'affectionne un certain équilibre, qui te sied à merveille également, selon l'avis de beaucoup, ces derniers ans. En atteste cette mine réjouie que tu affiches les jours pairs comme impairs, ton plein allant retrouvé (« l'allant d'Alain », cette expression que votre première rencontre avait inspirée à mon amie Angélique, impatients que vous étiez l'un à l'autre d'être présentés, gourmand que tu t'avouais de sa franchise dont je t'avais parlé, car les gens francs, tu aimais), tes soixante-dix-neuf kilos tout comme il faut (« quatre-vingt/quatre-vingt-un l'hiver parce qu'il faut bien se réconforter un peu… »), ces dernières cigarettes que tu consumes, maximum six à sept au quotidien, vice dont concrètement, progressivement, tu délestes tes poumons et concomitamment notre relation, la piscine du coin que consciencieusement tu rejoins le samedi matin, d'ailleurs

[5] Lille Métropole Habitat.
[6] Fédération Nord du Parti Socialiste, « *Fédé* » dans le jargon politique.
[7] Assemblée générale, « *AG* » dans le jargon aministrativo-politique.

encore ce matin, athlète de la régularité que tu es – ce que tu décrètes, tu t'y tiens –, ta voix confiante, ta bonne humeur conquérante quand, en frère protecteur, tu opères un tour de France téléphonique pour t'enquérir de tous les membres de la famille – en général complet, pas du genre à faire les choses à moitié, savoir si tout le monde va bien… Bref. De l'avis d'un grand nombre, de ceux qui t'aiment surtout, tu es un homme « heureux ». Et, pour ne rien gâcher, si l'on en croit Michèle, fervente militante du secteur : « Alain et sa jolie rousse, cette fois c'est la bonne, il la tient ! En plus, elle est de chez nous [comprenez du PS[8], N.D.L.R.], il nous l'a même présentée ! C'est pas comme avec toutes les autres… » Merci Michèle, nous nous bornerons à ce détail, flatteur au demeurant, si vous le voulez bien.

Alors oui, Alain, si ce samedi matin je moleste ta routine avide, inextinguible, immodérée quoique très rodée, ta course effrénée contre je ne sais quelle montre (inconsciemment, celle du Temps, maintenant je le comprends), c'est que je souhaite que raisonnablement, disons le temps sain (t) d'une récupération, tu t'arrêtes, que cessent ces nuits sans sommeil, cette agitation vaine, que tu freines. À ce questionnement que dès ta première lettre tu me renvoyais : *Est-ce que je ne confonds pas vitesse et précipitation ?*[9], que sempiternellement tu te poses, cette fois-ci j'ose et « si » te réponds. Tant ce sprint en continu me semble disconvenir, indigne de notre projet de vie commun qui davantage s'apparente à l'aventure d'un marathon – et donc : pourvu qu'il dure !

Un marathon. Précisément l'image que j'ai servie ce matin au sénateur du Nord Patrick Kanner, chef de file pressenti pour conduire notre liste aux régionales, lorsqu'il nous a joints, Greg et moi, dès potron-jacquet (huit heures pétantes et déjà pas mal d'affaires traitées, quand d'aucuns vitupèrent contre le soi-disant train-train des sénateurs, ces garants de nos Institutions qui coûtent, paraît-il, « cher » aux Français, quatre euros quinze centimes par an[10], l'équivalent de…

---

[8] Parti Socialiste.
[9] *Lettres à Hélène*, Alain C.
[10] *Combien coûtent les sénateurs par an et par Français*, Europe 1, 12 mai 2017.

de quoi justement ?), pour évoquer ensemble nos combats de demain, la perspective des départementales par commencer, le canton nous concernant, qui plus est. Patrick lui-même s'y connaît en matière de kilomètres parcourus avant que d'entrevoir l'ombre d'une victoire. Avec nombre de découragements, bien plus que de ravitaillements, aux tournants. « Juste comparaison », a-t-il estimé. Vers treize heures vingt, quand, après tes courses chez *Intermarché* et tes vingt-cinq longueurs, enfin tu m'as rappelée, je n'ai pas tardé ni à cet égard tari d'enthousiasme, à te narrer avec force précisions la teneur de cette discussion, en prévision de laquelle, dans le respect et la confiance que tu me vouais, tu t'étais bien gardé de m'influencer. Tout juste savais-tu de Patrick, par ailleurs ton ami, pour avoir pris un (dernier) verre en sa fidèle, complice et camarade compagnie le jeudi qui précédait, qu'il était question de nous appeler, Greg et moi, d'ici dimanche. « Évite de lui parler de tes vacances à Tignes, il pourrait faire le rapprochement avec moi… » m'avais-tu quand même glissé, légèrement narquois, pressé que tu étais, toi, de déballer notre vérité autant que mes cartons, quand je redoutais, moi, que me soit intenté le douloureux procès d'une « relation intéressée ».

— Hélène ! Hé-lène !

(Ici réinstauré mon prénom, exit les *mon ange, mon cœur adoré* et autres doux surnoms, qui le sérieux de notre engagement jamais ne sont venus parasiter, encore moins dénaturer ; tant il était clair, entre nous deux, que toujours notre monde intime nous cloisonnerions, que de cette autre sphère, publique, comme de l'impudique, nous le préserverions :

Soyons lucides, elle [notre relation, N.D.L.R.] sera vite publique et la bonne réponse sera d'en sourire et surtout pas d'exploser : quelques pas parcourus en commun dimanche dernier à Tournai m'ont convaincu que, maîtrisant mieux que moi encore aujourd'hui ton émotivité, tu feras ça très bien.

Lettres à Hélène, Alain C.

Exercice qui, poussé à l'extrême, frayait parfois avec le risible : « Mais il me prend vraiment pour un con ! Il sort avec elle et me joue celui qui ne connaît pas son nom ! », ainsi Greg avait-il intérieurement réagi au cours d'un de vos déjeuners de débrief politique rituels – qu'il évoquerait par la suite avec une émotion tendre et non feinte lorsque nous déciderions, sans plus toi mais en ton hommage, de les perpétuer –, au cours duquel tu avais grossièrement fait semblant de ne pas savoir prononcer mon patronyme. Ou, plus désopilant encore, ce soir de semaine quand, venu me récupérer dans mon patelin aux alentours de vingt heures vingt, tu t'étais stationné à distance « correcte » de mon lieu de réunion et étais malencontreusement tombé nez à nez avec l'ancienne édile de la ville :

— Alain ! Mais qu'est-ce que tu fais là ?

— Oh ! Eh bien ! Je reviens d'un rendez-vous non loin… Tu connais mon attachement à ce canton, n'est-ce pas, et je voulais repasser par ici où, à ce qu'on m'a dit, il y a une excellente boulangerie, avec un pâtissier hors pair, *Framboise et Chocolat*, c'est bien ça ?

— … Oui… mais plus à cette heure-ci…

Finalement, notre soin quasi puritain de la discrétion n'aura jamais leurré que nous.)

— Hélène ! Hé-lène ! Je suis naturellement impatient de t'entendre sur le sujet, mais nous avons tout notre temps pour en parler demain et dans la semaine, plutôt que par téléphone !

Pour autant, malgré ta retenue, je n'ai point renoncé et t'ai d'emblée tout raconté de mon échange avec Patrick. Que je ne devais pas hésiter à recontacter dès cet été sans attendre notre rendez-vous de Blois[11]. T'ai restitué les grandes lignes du programme que j'entrevoyais déjà. Enthousiasme d'une nouvelle campagne électorale, cette fois-ci conjointe, qui s'annonçait, par toi et moi partagé. Intellectuellement. Émotionnellement. Qu'il ne m'aurait pas été donné de t'insuffler si à ta mesure (pour le coup exceptionnelle !) j'avais cédé

[11] Blois où se tient désormais l'université d'été du PS.

et patienté. Perspective que toi tu savourerais pour l'éternité, quand Greg et moi serions contraints d'en faire le deuil, à la suite du tien.

20 heures

Mon baluchon est fin prêt, demain je te rejoindrai pour clore en beauté ce week-end, mon bien-être à son comble qui empiétera sur la semaine entière : nous partons mardi en baie de Somme nous fiancer puis reviendrons à la maison, pour en famille les fêter. Ce soir, je songe aux cartons qu'il me reste à remplir afin de pouvoir définitivement auprès de toi emménager, davantage qu'à la bague que tu as repérée. Des jours que tu me tannes pour que j'aille la chercher : « tu ne veux pas que je l'essaie à ta place, non plus ! », m'as-tu asséné, sur un ton mi-agacé mi-résigné – tu connaissais mon avis sur la question comme la chanson que je t'ai fait écouter :

Moi pour toujours j'envoie valser
Les preuves d'amour en or plaqué
Puisque tu m'serres très fort
C'est là mon trésor
C'est toi, toi qui vaux de l'or[12]

Sincère quand je te le chantais,
Amère quand j'y repenserais,
Ce symbole auquel tant tu tenais…
C'est la mort dans l'âme que j'arborrais :
Mon prénom au tien bien associé
Sur un faire-part… mais de décès.

D'un commun accord, à titre *exceptionnel* ce week-end, nous nous sommes laissés en paix, toi à la rédaction de cette lettre que bientôt tu me destines, et moi à celle de mon manuscrit, celui que tu souhaites ardemment que je termine, pour *passer à autre chose enfin.* Pour être

[12] Titre : *J'envoie valser*, Artiste : Zazie, Album *Zen*, date de sortie 1995.

tout à nous, autrement dit. J'ai donc rejoint la pièce chez moi, là-haut, qui me sert encore un temps de bureau, je me suis remise à mon ouvrage, non sans t'avoir une dernière fois signifié qu'il serait opportun que tu dormes, ne serait-ce rien qu'un peu, et t'ai envoyé pour ce faire un lien par texto, comportant quelques conseils selon moi avisés. Et tu m'as une nouvelle fois mouchée. Et je me suis une énième fois vexée. Dont acte. Quand, quelques minutes après, déjà absorbée par mes écrits, ce second texto que je reçois de toi : *On peut aussi faire un peu d'humour et te taquiner, non ? Sinon, je vais me murer aussi alors que je t'aime... chaque jour davantage. Baisers très tendres.*

Mais moi, à compter de demain, vingt-six juillet deux mille vingt, je saurais qu'à chaque jour suffit sa veine. Qu'il ne faut point en attendre « davantage ». Et quelle veine nous avons eue d'ainsi nous aimer.

Deuxième partie
L'élan sublime

IX
L’élan défricheur

Dimanche 11 mars 2018 – Lille

Un dimanche matin, paisible comme je les aime, comme je les aimerais trois ans à tes côtés, vaquant dans leurs habits quiets, habituels, suivant un principe intangible de nonchalance maîtrisée, ainsi réitérés. Nonchalance d’une fin de semaine qui en nos mouvements lents, amples, coordonnés, s’étire et se traîne, au gré d’un plan bien établi, *conjoint*ement réparti, *ami*-chemin entre arrangements communs et priorités de chacun. Nonchalance qui tranche avec l’avalanche de contraintes horaires qu’ingèrent nos vies, de lundi en lundi : car de l’agenda à satiété, jamais différé, même quasi retraité tu es resté Le Maître incontesté, n’en déplaise au maître Temps, aux trop encadrants et/ou cadrans de montre tatillons, que ton affairement glouton, conséquemment retardataire, exaspère…

Ainsi vont, valsent, passent nos matinales dominicales : andante, légères, sur l’air des banalités ménagères, sur fond de préoccupations, tantôt solitaires, tantôt confessées, même intimes implicitement solidaires. Entre alors en salle l’embarras du choix du journal, s’étalent sur la table différents caractères, tels des flonflons de la fête version papier crépon, surgissant à tue-tête en plein mitan d’un bal, y faisant forte impression. L’actu la plus populaire en tête, très à la page : *La Voix*, incontournable, qui nous donne à entendre, par-delà les faits divers, ce qui de notre région nous rend fiers, Voix dont toi et moi nous délectons, principalement à l’aune des élections, des indiscrétions, souvent originales, livrées en écho par une déesse non plus banale ; à sa suite grondent *Les Échos*, ceux-là plus libéraux, dont je t'abandonne volontiers l'option, tandis qu'un tantinet vamp, claironne mon *Femina*, qui ton attention soudoie, via les exclamations en tous genres que ce supplément enthousiasmant génère chez moi : de Gloria en première – *Tiens ! Le prénom de ma mère !* –, à l'humeur (si pas la tenue) légère, aux sorties cinéma que nous croisons avec les recommandations d'*Inter*, en passant par ces différents endroits du nord et du monde qu'en imagination nous explorons… Et de un, et de deux, et de trois je me ressers : de ton café façon *Grand-Mère*, presqu'à chaque fois réchauffé de la veille par tes soins – car avec toi comme chez toi on ne gaspille rien ! – je ne me lasse point. De tes bonnes vieilles manières, pour certaines de ta propre mère dignes héritières, jamais je ne me lasserais. De tout ce temps, ô combien bref, ô combien dense pourtant, qu'il me serait offert de vivre auprès de toi, Alain, sous ton toit, en ta chaumière, de nous aimer saucés de quotidien, comme de ton affection servie en aumônière, je ne me lasserais point. En recommanderais même. Et encore aujourd'hui j'en reprendrais volontiers, si seulement je le pouvais, maintenant que ta mort me plante là, les bras ballants, comme plombés sans plus les tiens, si tendres, vers qui les tendre.

Le Journal du Dimanche qu'enfin tu me cèdes.
Que tu es passé prendre, vite fait, ce matin.
— Le tabac-presse, au coin. À ton col je m'empresse :
Par-dessus ton épaule à lire je parviens.
Mais c'est bien toi, ton dos, que ma main frôle, péch'resse !
Non le média. L'info dont je raffole, expresse.
Monde immédiat : l'onde qui sous mes doigts acquiesce.

Voici donc comment nos réveille-dimanche-matin paressent : moins à l'horizontale d'un lit, celui-ci se trouvant en général en position de repli, ronflant son répit à l'est de nos démons de minuit, autrement plus agités, qu'à la verticale de colonnes requérant une toute autre agilité ; la tienne de colonne, vertébrale, constituant le point d'appui de ce qu'il s'y lit, tressautant à tes pointes d'ironie. (S'il m'est permis une insertion ici, certes perfide, peu fine, mais qui sont de tes traits d'esprit la réverbération : c'est à double titre que me laisserait en mal de saillies ta disparition.)

Viande ou poisson ? Musée ou ciné ? Tu as pensé à amener ton coffret de Claude Sautet, mon cœur adoré ? Au fait ! Les enfants ont appelé, vont bientôt remonter, ont hâte de te rencontrer, tu sais ! « Votre mère veut la voir d'abord *», leur ai-je précisé, «* elle a besoin d'être rassurée, vous savez comme elle est ! *» Et sinon ? Tu es allée courir avec Sybille finalement ? De quoi avez-vous parlé ? Ah ? C'est indiscret ? Bon... Bon... Alors, si c'est indiscret... Les vingt kilomètres de Maroilles se préparent bien, au moins ? De la tarte, hein ! pour la marathonienne que tu es ! Reprends donc un morceau de cramique... Allons bon ! Grossir ! V'là autre chose, maintenant... Mardi mercredi je suis à Paris, je te l'ai dit. Mon train est à sept heures et demie. Mais tu peux rester dormir ici, tu es chez toi, mon ange, je te le redis, surtout si tu as réunion en Fédé lundi ! L'exposition «* Chrétiens d'Orient *», un week-end prochain, aux Beaux-Arts de Tourcoing, ça te plairait ? Je souhaiterais que tu puisses m'y accompagner. Tu dis ?* La Piscine *ferme provisoirement ses portes à Roubaix ? Une fête de clôture est organisée ? Le trente et un ? Eh bien ! Parfait ! Camille Claudel en fanfare, je ne demande qu'à voir !* « Chrétiens d'Orient » *la fois d'après, alors ? En priant Monsieur Darmanin de ne pas s'en offusquer depuis Tourcoing, de bien vouloir nous excuser de ne pas lui donner la priorité, car en politique, il faut savoir ménager les susceptibilités... Ces sujets mis à part : tu sais qu'je t'aime ? Ben non ! Tu ne le sais pas ! Je ne te le dis jamais, alors...*

C'est à peu près en ces termes que nos premières grasses-matinées du week-end se sont dans nos quotidiens respectifs coulées, s'y sont taillé une place privilégiée, se sont laissé modeler par la grâce de nos élans naissants, ont fini par s'assembler complètement et harmonieusement. C'est parfaitement à ce rythme appétant, tes dispositions voraces relayées par mes propositions efficaces, avec ce même entrain, que semaine après semaine elles se consolideraient, sculpteraient notre horizon commun, ton ambition tenace de co-construction pour burin – me faire entrer dans le moule de ton existence régulière, agrémenté de mes atouts, mes expériences singulières, pour, à tout prendre, très vite t'éprendre et parier sur une énième (dernière) séquence de vie, fût-elle déroutante. Ce vent de nouveauté conjugué à nos thèmes favoris déjà bien ancrés – engagement, travail, amis, famille – mon cap a défié : c'est une invite permanente que tacitement tu m'as lancée, à te rejoindre pour une danse virevoltante, cadencée par ton énergie redoutable, la plupart du temps aux tempi intenables. Alain l'infatigable. Pour un peu j'écrirais *l'increvable*.

Et si c'est moi qui m'écroule et crève aujourd'hui, c'est de crouler sous le poids de la réalité intraitable, ta fin, qui grève mon bien le plus précieux, celui qui justement n'a pas de prix, m'en a ravi la moelle, mon équilibre de vie, toi ma dorsale ; et si je crève depuis, c'est de mon envie définitivement insatiable de renouer avec cette *dimension* que tu as insufflée à ma vie et qui m'a ravie, extravagante autant que foncièrement investie, le métronome calé sur les battements de ton pouls immodéré, impondérable, dimension palpitante, mue par la perspective de lendemains consistants, l'action en mode constant, nourrie par ton instinct de *sur-vie* inébranlable, dirigée par ton sens inné de l'Inestimable – ce qu'il convient précisément d'estimer, d'opiniâtrement défendre, d'ardemment aimer. Chérir la vie et la mener en surenchère. Surenchérir sur le temps, compté soit dit en passant :

Je ne traîne pas, je n'ai pas envie, plus envie de perdre mon temps, je sais qu'il m'est compté.

Lettres à Hélène, Alain C.

Chérir tout ce que la vie a de bon, de vrai, de fort à nous offrir. La chérir à en mourir. Par exemple et tout bonnement : aller de l'avant, s'enquérir d'autrui, aimer les gens. Gens de confiance ou de passage, gens chères ou que l'on indiffère, gens même que d'aucuns nous diraient peu fréquentables : il est en chacun une parcelle de terrain inaliénable, que nul n'est en droit de fouler au pied, dont la nature même justifie notre intérêt et qui s'appelle Dignité. Un point sur lequel jamais tu ne transigerais, sur lequel de toute façon il n'y a point à mégoter. Plus qu'un discours, à tenir en respect. Et ce terrain en question t'était-il présenté comme invendable, au caractère ardu, indéfrichable, qu'à déchiffrer son mystère dès lors tu t'obstinais, avec davantage d'acuité encore tu l'observais, trouvant justement un intérêt double à t'y attarder – la vie en jachère, tu l'avais toi aussi côtoyée, tu savais ce que c'était, à se battre les gens cabossées gagnaient d'emblée ton respect.

En jachère. Justement. Tel que ton jardin, pourtant de caractère, m'apparaît en ce froid dimanche, roi paresseux faisant la manche, souverain mendiant l'entretien, nanti qui s'éveille hagard, étirant mollement ses branches hirsutes par-dessus les herbes éparses, parterre ébouriffé par tant d'années délaissé, soudain surpris par ce matin d'hiver au teint frais et ensoleillé, à l'air revigorant. Un jardin que je ressens assoupi, ainsi ton élan de vie sous le poids écrasant des derniers ans et de leurs pelletées de merde évanoui ; un jardin aux vertus qui sommeillent, endolories, ainsi mon éclat naturel par quelqu' ordure jadis terni ; un jardin abandonné, mais qui promet, ainsi nos deux vies, terres brûlées, aguerries, deux parcelles pas qu'un peu malmenées, deux contrées, immensément denses, immensément riches, à défricher. Tel, après la pluie, l'arc iridescent qui s'espère, larvées semblent les Hespérides : un jardin en or, endormi encore. Un jardin sur lequel mon regard s'attarde ce matin, un matin pour la première fois à part dans ma vie de femme, un matin comme il ne m'a pas été offert voire permis d'en avoir, d'en savourer depuis… depuis… à vrai dire je ne saurais dire vraiment quand… depuis des hier inconséquents, insécures aussi, sûrement… Un dimanche matin que je ressens serein, dont je suis le cours paisible, emmitouflée que je suis dans ce manteau de bien-être dont tu me pares et qui sans aucun doute me répare, fourré d'amour, garni de matière douce, doublé de petits riens ; pareil à ce peignoir bleu ciel et sa panoplie de draps de bain qu'au lendemain de notre première nuit tu m'offris. Ainsi je me trouve : assise, tranquille auprès de toi, l'esprit engourdi, non par le froid, mais par l'apaisement que ta présence simple propage autour de moi.

Tu sors. Je *demeure.*

Abritée au creux de ton jardin d'hiver, celui-ci d'intérieur, lumière et chaleur naturelles pour agréments, je t'observe par la baie vitrée, immense, tout en écrivant (il s'agit alors du projet de livre précédent, manuscrit désormais à l'état d'atermoiements) : homme arqué, au loin, homme couvert, au fond du jardin, homme travaillant la terre, une pelle à la main. Ton mouvement est récurrent, précis et lent : tu plantes, patientes, relèves, et jettes… Attente. Puis… l'outil tu replantes, patientes, relèves, rejettes… Progressivement disparaissent les petites mottes de terre, diverses, qu'en une seule, méticuleusement, tu accumules, tandis que derrière s'épaissit, s'amplifie le monticule. Derrière. Derrière toi. Oui, tout, bientôt, derrière toi sera, Alain. Il y a lieu de le voir (et je le vois seulement, rétrospectivement, alors que tu es en terre, mais qu'encore vivant je te dépeins) : la formation de ce dépotoir symbolise en somme une sorte de repoussoir-déversoir, le cumul de tes peines anciennes, de ces pertes qu'encore tu retiens, défaites et déceptions que l'amertume entasse, trahisons immondes dont, las, tu te décrasses, dont enfin, matin après matin, sous prétexte de jardinage, bien décidé, par un nouvel élan propulsé, tu te débarrasses, pour qu'au printemps prochain un autre monde prenne place… Déterminé, tu déterres pour tout évacuer. Lorsqu'à longueur de temps, cet hiver-là, tu t'entêtes et me répètes qu'il faut absolument que tu déblayes ton jardin, en cas de difficultés même t'en agaces, c'est de purge dont il s'agit en fait : ces sacs qu'inlassablement tu remplis et conduis à la déchetterie, sont des monceaux de vie d'hier, les plus abjectes, que tu démurges, à t'en trouver allégé, soulagé, te déclarant content, satisfait de t'en être délesté. Démiurge régénérant la matière. Artisan de ton propre renouvellement. Je le comprends maintenant.

(Deux ans après, quand de chez moi enfin je déménagerais, cartons faisant, limpide sur le sujet tu me le soufflerais : « c'est fini tout ça, c'est derrière nous, c'est derrière toi mon cœur adoré. »)

11 mars 2018 et autres dimanches matin heureux :
Alors que tu restaures, soigneux, le jardin,
Je t'observe : tu m'émeus, me souris, radieux.
S'élabore, sous nos yeux, un Eden serein.
J'écris, en conviens : à deux, nous sommes bien.
Fond sonore : Keren Ann, Biolay Benjamin
Que Salvador entonne, nous le rendent bien :

Je voudrais du soleil vert
[...]
Je voudrais de la lumière
[...]
Je voudrais changer d'atmosphère dans mon jardin d'hiver

X
L'élan prémonitoire

Janvier 2017 – Le Touquet

Elles y ont mis de l'ardeur. Du soin. Et les moyens. « Elles » s'appellent Annabelle et Serena. Qui savent mon chagrin. Que ma douleur, abyssale, interpelle, les renvoie aux leurs, de douleurs, quand bien même elles les ont bravées, à bras le cœur, les ont déjà dépassées, parfois à quel prix, jusqu'à se mettre hors d'elles, bordel… L'âge aidant, leur sagesse tout autant, me l'enseignent, m'invitent à relativiser mon malheur, me rappellent qu'aussi pénible sa fin soit-elle, mon histoire demeure par certains aspects infiniment belle. Ont peur, mais ne se le disent qu'entre elles, à part moi, de ce que l'ingrat, séducteur, mari menteur, manipulateur notoire, mais amant aimant à la fois, entretienne l'espoir et les leurres par-delà mes pleurs. À ces femmes de valeur, dames d'honneur d'un soir au chevet de mes plaintes, sans crainte ni peine j'ai confié mon désespoir. Leur entendement est tel, sans parti pris ni jugement aucun, que sur l'autel des confessions ma pudeur a rendu les armes et, d'abandon, je leur ai vendu mon drame à table, comme un innocent en détention provisoire délivre ses preuves au parloir, défend ses heures à venir au prétoire, sans rétention. Ma candeur est ma prison, le butin sent l'illusoire, à la manœuvre se tient un prometteur de bons soirs, qui tient avant tout à ses intérêts – le beurre, l'argent du beurre, le cœur de la baratteuse, et en échange ? Rien que son baratin.

Annabelle et Serena m'ont emmenée au Touquet. Pour un week-end. Laquelle station a ses charmes, il est vrai, entre run en forêt, marché primeur, centre flâneur… mais rien n'y fait. Noir m'apparaît l'horizon, qu'aucune distraction ne soulage, l'*Outrenoir* sans abstraction, car profonds sont mes déboires – percement cruel d'un dard, bien acéré l'aiguillon. Écœurée, je me morfonds. Vain le vin, pourtant si bon. En pleine reconversion, personnelle autant que professionnelle, Serena rebat les cartes de son destin propre, en le mettant au service des autres ; apaisante, elle tente de faire diversion, nous mène au salon, nous prie de nous y asseoir. Annabelle, mue par sa spontanéité légendaire, partenaire aussi enthousiaste qu'enthousiasmante, coutumière du fait qui fédère, à cet exercice de cartomancie se soumet volontiers. Son attention est entière, quoique suffisamment dégagée, l'émotion en retrait : elle ne nourrit pas d'attente particulière, du genre à prendre ce qu'il y a à prendre, du bonheur tant qu'à faire. Quant à moi, je suis allongée sur le divan, dans cette maison d'hôtes gentiment mise à disposition pour l'occasion ; mon esprit fume, tangue, vagabonde, malmené par le ressac du vague à l'âme, relent de dégoût que refoule, nauséabonde, l'amertume, rage qui sourdement gronde et qui écume de ne pouvoir le traître confondre, remous vaseux dans lequel mon mental s'empêtre : ci-gît la fronde des rancœurs qui, face à la traîtrise immonde, se voudrait la dénonciation du préjudice moral infligé, son expression faconde, mais que la torpeur, compte tenu de la baffe de vie assénée, rend inféconde, réduit pour l'heure au total lâcher-prise. Lâcher-prise auquel Annabelle, auréolée de son humeur légère, incite. À sa suite et dans son sens, Serena abonde :

— Laisse-toi donc faire ! Tire les cartes, les leçons d'hier et profit de ce que l'avenir te réserve !

Dubitative, moins à l'égard du don de mon amie que d'un potentiel retour de bâton bénéfique, je me relève du canapé et à leurs côtés m'assieds. Anxieuse aussi. Très. Pressentiment mauvais. Les cartes, des premières tirées à l'avant-dernière, me donneront indubitablement raison. Serena, à mesure que je les choisis, qu'elle me les montre, en fait irrémédiablement le constat. Constat qu'elle a beau taire, tout dans son air contrit relate les dégâts. Rats et chats dominent la partie. Un tirage de félins, malins, nuisibles en série. Une accumulation. Dont chaque tentative de refonte du jeu est une ratification. Rats et chats de la trahison sont le symbole. Pas de bol. Un chemin de croix, si j'en crois ce verdict de carton qui en dit long. Ras-le-bol. Sur le visage de Serena règne la confusion, baignée de compassion, confirmation tacite de la poursuite des outrages. Mon avenir immédiat ? Un naufrage.

— Il en reste une dernière, insiste-t-elle.

Et me la révèle. À son œil, une lueur.

— La lumière au bout du tunnel, enfin ? m'enquiers-je.

— Non, me répond-elle. De la lumière, oui, mais au fond d'un jardin. Un homme aux yeux bleus, teint clair, t'attend au fond d'un jardin.

— À la bonne heure ! Après tout, jardin rime avec serein ! m'exclamé-je, sur un ton mi-figue mi-raisin. C'est là ta conclusion ? Je me dégote un gars, type germain, au fond d'un jardin, et à partir de là, pour moi, tout ira bien ?

Sourire sage et silence aérien. Sur le mystère de *L'Homme au jardin*, la prédiction de Serena prit fin.

XI
L'élan clairvoyant

Serena avait donc vu, dit, prédit juste. Un an auparavant. L'illogique pour paravent, la symbolique au tournant.

J'ai très vite oublié ce va-tout sibyllin, omis de chercher à tout va *L'Homme au jardin* ; du verre teinté des divinations considéré uniquement son contenu aux deux tiers vide, celui de la malédiction, et non son tiers plein, celui de ma bénédiction. Non pas que selon moi il faille raison garder et de quelconques mystifications se méfier – aujourd'hui plus que jamais, déportée que je suis sur la voie que ce veuvage prématuré, thérapie s'il en est, me contraint pour un temps indéterminé d'emprunter, je crois éperdument à ce qui par la voix de maints éléments s'entend, se comprend présentement ou rétrospectivement, au fil de ce que je perçois ici ou analyse a posteriori ; éléments perturbants que je souhaite, quoi qu'il en soit, retranscrire rigoureusement, contextualiser factuellement, si ce n'est pour atteindre l'entendement des sceptiques, tout au moins les amener à un certain acquiescement, qu'au su des faits, de leur convergence, ils en arrivent à me concéder qu'il puisse à la croisée des destins, sous l'humus des coïncidences, se terrer un sens et dessus fleurir la pertinence. (Sous le fumier croît bien le rosier…)

J'ai donc oublié la prédiction, omis de rechercher son incarnation, usée de dépit que j'étais, simplement. Grand bien m'en prit, assurément. Car m'évertuer, par tous les moyens mis à ma portée, à quérir *L'Homme au jardin*, eût été vain, aussi attentive, aussi obstinée ma quête eût-elle été. La suite en effet va le démontrer : mon unique volonté n'aurait suffi à *le* faire émerger, fallait-il également que lui-même y fût disposé, et que les circonstances y contribuassent concomitamment. Dénicher un homme dans un jardin, oui ; mais *L'Homme au jardin…* Clairvoyant est l'esprit qu'outre un état qui prédispose à l'être, d'autres paramètres extérieurs à lui, par ce qu'ils mettent en lumière, aident de même.

Ainsi, à la prophétie de *L'Homme au jardin*, que d'aucuns auraient eu tôt fait de qualifier de bobard, voire de truc d'hurluberlu, je n'ai pour ma part absolument plus pensé, encore moins pris garde quand sa redite à moi inopinément s'est présentée. Revêtue cette fois des habits non plus de la cartomancie, mais de l'art. Paris. Juin deux mille dix-sept. Cinq mois plus tard. Au Grand Palais, la figure de *L'Homme au jardin* à mon regard s'est imposée. Sans crier gare, m'a interpelée. Stature imposante dans un encadrement dédoublé. Auguste dans son tablier. M'a plu d'emblée – n'en déplaise à Rodin qu'au départ j'étais passée voir, mais un billet d'entrée couplé avec l'expo *Jardins* a dévié ma trajectoire, et ce grand écart entre les genres a favorisé. Car qui l'eût cru ? Qu'un vieux jardinier ainsi accoutré, perché non sur un escabeau, mais sur cimaises, pût ma curiosité aiguiser ? Ceci étant, toute figure du luminisme qu'il fût, Emile Claus, peintre de cette huile sur toile attitré, n'a rien rallumé en moi : si j'ai bien imprimé son œuvre, *Le vieux jardinier*, si j'ai pour ainsi dire *accroché*, acheté même en carte postale sa reproduction, je n'ai sur le moment pas tilté, établi aucun rapprochement avec le message voilé du Touquet. Ce n'est qu'en janvier deux mille vingt et un, en ouvrant un tiroir à l'heure de rédiger mes vœux noirs de désespoir, car sans plus toi, défunt, Alain, pour les cosigner, que l'image du robuste jardinier me saisit pour de bon, que me sauta aux yeux le lien avec la prédiction de Serena, dans sa version papier, et que ladite reproduction fit rebattre les cartes dans ma mémoire comme autant de battements douloureux dans mon thorax.

Car qui donc aurait pu deviner qu'en fait de jardinier, il se serait agi de toi, Alain, t'escrimant des mois durant, obtusément, une bêche à la main, cette lubie en tête, une vraie fixette, une invite à faire place nette, à dégager le terrain, le tien, visant à l'assainir, le rendre propice à l'embellissement ? Sans en saisir immédiatement le sens caché, bien inconsciemment. Des années à ne point t'en préoccuper, quand soudainement cela devint urgent : fin deux-mille dix-sept, début deux-mille dix-huit, un nouveau pan de vie est en train de germer, tu le sens, du moins confusément, il n'y a plus une minute à perdre, arracher les mauvaises herbes, bazarder les vieux tourments persistants, accueillir la sève, place à une vie nouvelle dorénavant – et si, véritablement, le changement était pour maintenant ? … *Bipolarité. Alternance entre pics d'énergie et plaines béantes d'inertie. Grain de folie.* Que ne m'a-t-on pas persiflé à ton sujet ! Et après ? Retraite politique en vue, du temps à tuer, tant qu'on y est ! Que nenni. « Le combat continue ! » est l'un de tes derniers cris, convaincu, daté du vingt et un juillet deux mille vingt, enregistré sur ma messagerie, dix-sept heures zéro huit, archivé, à jamais sauvegardé. Sans compter ton sens de la perspective : « Je veux que le jardin soit le plus beau pour toi, mon cœur adoré » n'as-tu cessé de me répéter. Quelques jours encore avant ta fin, tu me le disais. Y apportant la dernière touche, une ultime couche de blanc sur le muret, peinture blanche immaculée ainsi la page que nous nous apprêtions ensemble à rédiger et dont notre connivence murmurait à l'avance la trame – trame d'amour, évidemment, dût-elle mener au drame.

Non, mais vraiment ? Qui donc aurait pu imaginer qu'en fait de jardinier, il s'agirait de toi, cet ancien député ? Celui-là même pour lequel j'avais rechigné, en deux mille douze, à battre la campagne, estimant (à bien injuste titre puisque par les militants, à l'interne et à l'issue d'un débat fratricide, tu avais été désigné) que sur ma *circo*, *la 5ᵉ*, tu avais été parachuté, la tienne, *la 3ᵉ*, ayant été disloquée… Moi ? M'enticher d'Alain C. ? M'eût-on mis la puce à l'oreille que je ne l'aurais pas cru. Ni même voulu. Présenté ainsi, remis dans son contexte premier de convergences possibles, c'est-à-dire sur le terrain des affaires non pas privées, mais publiques, j'aurais d'emblée réfuté toute probabilité. Même en deux-mille quinze, Alain, pour t'avoir croisé sur le chemin des *cantonales*, quand je me suis à mon tour portée candidate, croisé à un très petit nombre de reprises du reste, compte tenu des relations ultra tendues que tu entretenais avec ma partenaire titulaire, l'idée qu'un tout autre rapport que politique pût entre nous exister ne m'a jamais effleuré l'esprit. Le mélange des arts, oui, mais des intérêts, pas dans mon genre.

Je n'avais pas fait ta campagne électorale pour une raison fort simple, moi qui aime les campagnes électorales et rencontrer des gens : je n'ai jamais été invité à y participer d'une façon ou d'une autre.

Lettres à Hélène, Alain C.

Finalement, ce n'est qu'en décembre deux mille dix-sept qu'un lien plus ténu affleurerait la rive de chacune de nos vies. Subtilement. Le dimanche dix-sept précisément. Nos deux vies accablées à ce moment. Vies comme parties à la dérive, halées juste à temps par un câble inconscient, saugrenu, tractées par nos instincts coïncidents. Car si nous étions du même bord, militants aguerris, avérés, au sein du même parti, engagement et tracts en commun, c'est un rivage autrement plus intime, quasi subliminal, sans autre rival(e) à défier que notre propre déviance – notre tendance à la démesure, ici nos âges et leur différence –, que cette fois-ci nous avons conquis. La foi en l'autre pour câblage réciproque. Laissez-moi de cette rencontre opportune, de notre fortune, comme de son loupé premier, vous faire le récit.

XII
L'élan manqué

7 janvier 2015 – 19 heures – Ici-bas

La photo est datée. Non au verso, non à l'encre de nos impressions volatiles, mais au recto de notre esprit, date ancrée recta, indélébile autant que l'imprégnation de l'ignominie qui de facto s'y associe, ayant à jamais envenimé notre inconscient collectif, et s'y débat par la voix de notre hargne, volubile quoique recueillie. Conscients depuis que Laïcité et Fraternité, pour évidentes qu'elles soient dans notre ADN républicaine, ne nous épargnent pas des errances de leur inhérence, cette France fertile de tous les possibles qu'elles engendrent confiantes et dont, dans le même temps, elles s'alarment des déviances, quand, dans le champ ivre des libertés qu'elles ensemencent, germe l'ivraie de l'ignorance offensée – laquelle, si l'on n'y prenait garde, les annihilerait. Conscients depuis que défendre la Laïcité, c'est nourrir l'esprit de tolérance et, concomitamment, fourbir les armes de l'intolérance contre qui la pervertit.

7 janvier 2015. Aux larmes, citoyens. Rejoints sur le front des indignations par les élus, femmes et hommes désarmés que nous sommes. Datés les faits, daté l'effet de leur abomination en tout un chacun, qui se souvient avec précision de ce qu'il entreprenait, pensait, disait, prévoyait… au moment où le couperet tranchant, par le biais focalisé de l'information martelée, est tombé, qui a placé nos quotidiens éparpillés, de dimension soudain étriquée, en suspension,

et nous a fondamentalement reliés par la communion du bon sens commun à un fragment de destin partagé.

Charlie Hebdo, *Le Bataclan*, *le 11 septembre*, la mort de Mitterrand… Du retentissement de ces évènements au creux de nos vies parcellisées, nous nous souvenons parfaitement. En leur instant particulier, qu'a figé la consternation généralisée, ces faits marquants ont réquisitionné le périmètre suffisant de nos existences circonscrit à leur individualité, pour les repositionner dans un ensemble plus grand, plus éloquent, qui les transcende et leur confère matière et densité en supplément – comme autant d'étoiles isolées que l'obscurité dévoile rassemblées sous la forme d'un message constellé, l'image lenticulaire de nous-mêmes, plongée dans l'adversité, éclaire notre part d'universalité.

7 janvier 2015. L'envers de la photo en ma mémoire est gravé : ce soir d'hiver et de gravité, où nos trajectoires de militants concernés, d'homme et de femme engagés, au confluent de l'Histoire et de ses revers se sont recoupées. L'heure du rassemblement, au cœur de l'horreur étreint par la protestation raisonnée qu'elle commandait, avait sonné. La section PS de notre chef-lieu, à laquelle, en raison de certains fidèles, par reconnaissance de leur mobilisation extrême et par-delà votre rendez-vous électoral de deux mille douze manqué de peu, tu restais attaché, nous avait joints en journée afin de nous regrouper en soirée. Toi, l'ancien député, moi, l'élue locale accourue au secours des départementales : notre participation en responsabilité, outre l'élan primordial, celui des tripes, qui nous y incitait, était tout indiquée.

Sur cette photo, tous deux nous figurons, debout à la tribune des interventions, entre autres personnalités invitées, alignés dans une posture tacitement entendue, sur la retenue, d'humilité et de dignité mêlée, la nuque abattue, mais le buste résolu, la vue par l'abject embuée, mais notre quête d'Absolu aux aguets.

Tous deux en symbiose, quoique nous tenant à l'opposé ; en osmose, quoique chacun de son côté, à son binôme associé : toi à l'édile de la ville qui nous accueillait, qui en deux mille douze ton suppléant aux législatives avait été, moi à ma titulaire, maire des Weppes, dont la veine militante à la mienne parfaitement correspondait ; et Greg au centre en tant que secrétaire de section ultra impliqué – Greg, un pilier de circonscription pour toi, un allié de génération pour moi. Greg, dont l'équité politique, bien droit dans sa Gauche, adroit dans son approche qu'il a toujours été, arbitrait naturellement les dissidences d'autrefois, que par ailleurs, en pareilles circonstances, muselait la décence.

Sur cette photo que Greg, justement, en janvier deux mille dix-neuf sur les réseaux ressuscita et personnellement nous renvoya, si je nous y vois, je ne nous y revois pas : de ta présence je n'ai pas souvenance. Toi-même en en prenant connaissance, tu m'avouas que sur moi, ce soir-là, tu ne t'attardas pas. Pas plus que cela.

Ce qui te frappe, toi, c'est ton surpoids. Que tu commentes – quatre ans plus tard, tu n'en reviens pas. Ce qui m'effare, moi, c'est de nous voir là sans que *nous deux* évoque quoi que ce soit. Cette faille en ma mémoire me tourmente, mais de feu ton surpoids tu plaisantes : « preuve en est, mon cœur adoré, que tu m'as équilibré ! »

Présents l'un et l'autre, absents l'un à l'autre. Pour cette fois. Le cœur et l'esprit étaient disposés à la commémoration, non à ce que nous nous connections. Non pas que l'occasion ne s'y prêtât pas, non plus que la bienséance, la rétention d'un quelconque élan justifiât, simplement, toi et moi n'y *étions* pas.

À l'évocation de cette tranche de vie éprouvée dissociés, revisitée ensemble a posteriori, via ce cliché, nous en conviendrons : Cœur et Esprit ont leurs prédispositions, desquelles tous nos « si seulement, si... » d'aujourd'hui n'auront pas Raison.

Tout au contraire, j'ai précisément en tête le contexte de notre prime échange, la teneur de ce tout premier tête-à-tête, son heure, mon verre rempli de Whisky que ta sobriété façon Perrier intimidait, l'atmosphère étrange de fête éreintée par le pressentiment d'une défaite qu'il nous fallait taire pour ne pas nous décourager… Deux mille quinze encore, le décor des départementales, les Weppes pour le secteur, une asso majeure en qualité d'organisateur, du cœur à l'ouvrage c'est certain… et ta stupeur au regard d'une sorte de naufrage en lenteur, qui te porte ombrage.

J'ignorais tout alors de ce qui te taraudait sous tes dehors attentifs, par mon propos appâtés, tandis que je me soumettais volontiers, exaltée par mon militantisme que ton intérêt crescendo plébiscitait, à la pléthore de tes questions. Ton inquiétude grandissait à mesure que j'y répondais avec la volubilité qui me caractérise quand je me sens en confiance et suis passionnée ; mon analyse confortait, à l'aune de ce canton qu'en qualité de candidate je parcourais, une déconfiture annoncée.

C'est d'avoir abordé le sujet de notre précédente rencontre manquée, à rebours du cliché qui nous y confrontait, qui nous a amenés à égrener les entrevues suivantes. Tant et si bien que je peux désormais mieux nous narrer, omnisciente à la croisée du *nous deux* car au fait des commentaires que nos routes, tangentes, t'ont inspirés et dont tu as rendu dépositaire mon inventaire amoureux : cette conversation que nous avions eue t'avait également marqué, ému, et quelques années après nous la revivions de façon entendue. Entendu que nous avions alors, tous deux, la tête à une unique et même préoccupation, et non le cœur à la fête : la conquête problématique d'un canton au périmètre détritique, résultant d'anciens fiefs détricotés dans un contexte politique délétère.

Sans cliché cette fois, mais je nous y revois, conversant en aparté dans le brouhaha militant ambiant, tout à notre sujet, opinant du chef, têtes inclinées, rapprochés au sens propre et figuré.

Arrimée à mon verre que je goûte à peine, dont la contenance ambrée par-là même, je pense, m'en confère, je t'abreuve à t'en submerger des épreuves qui notre échéance malmènent, comme autant de preuves et d'évidences de ma volonté acharnée. Lesté de ton imper, tu m'écoutes sans peine, mi-intrigué, mi-amusé par mon débit à perdre haleine que tu finis par endiguer, une main enjoignant la mienne :

— Si tu buvais d'abord ton verre ? Pour ne pas le renverser en parlant…

— … Quand même ! Je sais bien faire deux choses en même temps, heureusement !

Voilà pour notre entrée en matière. Dont tous deux avions conservé un souvenir précis. Ta première lettre, datée du vingt février deux mille dix-huit, de celui qui a succombé à l'attraction de celle qui en restera interdite, en fait mention :

Cette rousse à la beauté un peu animale, cette rousse m'intriguait.

Lettres à Hélène, Alain C.

Trois années se sont par conséquent écoulées entre cette manifestation publique, où nous avions échangé des impressions d'ordre politique, et la confession lyrique de la pensée impudique que je fis naître en toi ce midi-là. Tel un jalon posé sur une voie de nous encore ignorée.

Ce midi-là, tu as choisi d'abréger ta participation et repris la route ; j'ai continué de suivre la mienne, une émotion passagère contenue en bandoulière – déçue qu'au déjeuner tu ne puisses rester, retenu que tu étais par un impératif familial, excuse d'élu ô combien banale, alibi dominical ô combien éculé. À écrire vrai, puisqu'à cœur ouvert nous nous en étions depuis parlé, tu es reparti parce qu'écœuré. De ce parterre de militants clairsemé. De ce secteur naguère mobilisé, enthousiasmant, désagrégé dorénavant.

Ce midi-là, *le cœur en berne*, tu t'en es allé, roulant à travers la plaine des Weppes comme un dératé, où, me raconteras-tu quelques années après, ta voiture a dérapé… et manqué de te tuer.

***

Trois ans après, ce message vocal, comme tant d'autres, que je t'ai adressé : « Bonsoir mon Roc, j'avais juste besoin d'entendre ta voix, te dire que tu me manques, que j'ai beaucoup pensé à toi... Je sais que tu es sur la route : je te demanderai de bien faire attention à toi, peut-être me prévenir lorsque tu es rentré, par un texto, même si je dors déjà. J'espère que tu n'es pas trop éreinté... Te dire que je te suis peut-être "essentielle", mais que toi tu m'es de plus en plus fondamental. Voilà. Et que j'aime entendre ta voix – alors je pense que je m'amuserai un peu plus souvent à te passer un coup de fil, y compris quand tu seras en réunion, rien que pour tomber sur ta messagerie et entendre ce beau timbre que j'aime, que j'aime, que j'aime... Je t'embrasse. »

XIII
L'élan in extremis

Dimanche 17 décembre 2017 – De Saint-Lô à Lille

Non, mais ! Voyez-vous ça ! Ces anciens parlementaires ne doutent vraiment de rien ! Deux ans sans donner ni prendre de nouvelles, et c'est tout juste s'il ne m'est pas reproché de ne pas décrocher un dimanche matin à la veille des vacances de Noël ! Métro parisien. En transit entre Cour Saint-Émilion où je séjourne deux fois l'an, mi-décembre, mi-juin, aux côtés de mon ex-compagnon et de ses obligations, disons plus à côté qu'aux côtés, quelque subsistance d'un lien naguère fusionnel devenu simplement fraternel, et la station Châtelet. Vive autant que sincère est la pointe de colère qu'entre deux rames je n'arrive pas à faire taire, mais dont le rappel immédiat à la raison, réaction prioritaire, reflex hybride où se mêlent nature docile et bonne éducation, tout déferlement contient. Et parce qu'au fond, tréfonds de mon être, à coup sûr sincère puisque confronté à lui-même, sommeille une toute autre vérité, la justification réelle de mon emportement ; bien plus qu'un simple double appel reçu d'un ancien élu issu de l'ère vernie de la rose au poing, venu troubler mon paisible et doux week-end francilien. Parce qu'en fait, dessous le vernis de mon courroux couvent des mois de réflexion, et à l'aune de l'éclosion sourd la confusion, une décision de retrait que je ne parviens à prendre, ne pouvant m'y résoudre vraiment. Colère tassée, mais loin d'être dépassée, comme au bout d'un canon la poudre qu'un rien suffit à enflammer.

Ce dimanche matin-là, par deux fois, tu as tenté de me joindre, Alain. Appels vains. Mais non sans appel. Puisque déjà je sais, avant même l'écoute de ton message sur ma boîte vocale déposé, qu'immanquablement je te rappellerai. Militante éreintée je suis, mais déférente aussi restée. Docilité, déférence, respect et tout le saint-frusquin, de ces marques d'égard dans l'enfance inculquées, et nonobstant le caractère inhibant de la première dont il y aurait tout lieu de me délester, j'ai encore du mal à me défaire. Surtout quand le parcours de qui m'interpelle, fait référence, impose précisément le respect : qu'on adhère ou non à leurs idées, mères et pères bâtisseurs de Société, au regard du temps de vie qu'ils y ont investi, de l'énergie qu'ils y ont consacrée, appellent, sinon notre admiration, tout au moins la considération de leur action.

« Bonjour Hélène, c'est Alain C. qui t'appelle. J'essaie de te joindre, mais tu ne réponds pas. Il est dix heures, dix heures passées même. Bon. Peut-être est-ce encore un peu tôt. Pour ma part, je suis à Saint-Lô, j'ai un peu de temps devant moi, j'attends quelqu'un qui a priori ne viendra pas. N'hésite pas à me rappeler dès que tu as ce message, j'ai à te parler. À tout de suite j'espère ! »

Dix heures, un peu tôt ? Non, mais quel culot ! On est juste dimanche et cela fait juste deux ans que la Fédé ne m'a pas sonnée ! Et puis d'abord, Saint-Lô, quel rapport ? Voilà quelle fut, à peu de choses près, la teneur de ma première et sombre arrière-pensée, élan rageur, fureur amère, querelle interne soliloquente bien vite évincée par les tenants de ma bienséance à moi, tels que je viens de les énoncer ; lesquels par un texto convenant se sont traduits, que je t'ai illico envoyé, sur le champ : « Bonjour Alain, merci de votre appel. En transit à Paris, je vous joins sans faute, une fois rentrée à Lille, cet après-midi. Bien à vous. Hélène. » J'ai parcouru le chemin retour franchement énervée, l'esprit anormalement agité, l'attention rivée sur une seule et même question, tournant en boucle sur le registre de l'indécision, comme un vinyle auquel ardemment l'on tient, reste coincé en son sillon, rayé au dernier temps de la chanson, et s'en revient toujours au même point : quelle sera la suite de mon engagement au Parti Socialiste ? Car je suis convaincue qu'il en sera fait mention au cours de notre discussion, puisque bientôt se tient l'AG de *la 5e circon* dont je sais pertinemment que tu as instigué en coulisses la reprise, veux la relancer. Mais pour moi, il ne saurait en être actuellement question. En effet, l'heure est au pyrrhonisme et le paroxysme des leurres atteint. Plus de vingt-deux ans d'engagement venues se fracasser, récemment, contre le mur de débats devenus stériles, mais auxquels en tant que conseillère municipale d'opposition je me dois ; un groupe au sein duquel contre l'ineptie de la contestation à tout prix, au prix de la raison parfois, je me bats, me refusant à toute posture d'obstruction, de principe, tellement peu sûre de soi, au goût sur de revanche que je tente plutôt d'édulcorer au gré d'arguments savamment concoctés. Je l'ai dit dès le début du mandat, sans perdre de temps, sans perte, avec juste ce qu'il faut de fracas pour que *La Voix* s'en empare, oui, j'ai prévenu : que du privilège de ma primeur électorale sur ce territoire, nul ne s'accapare !, car « je vous rappelle que je suis fraîche comme vous, Monsieur le Maire ! » ; par ce commentaire j'ai sous-entendu que je me voulais force de proposition, davantage que reléguée au rang d'une opposition qui se montrerait réfractaire à tout ce qui émanerait de la majorité, que face aux malversations que nous supputions, dans cette atmosphère délétère, je ne saurais certes me taire, mais qu'à la condition d'y opposer Intelligence et bonne Foi, il va de soi ; en résumé, qu'au chapitre nouveau j'avais voix. Et la presse, bien avisée, en ces termes m'a relayée : *Hélène M. est conseillère municipale socialiste d'opposition [...]. La vivacité des débats du conseil municipal lui doit beaucoup, la jeune femme étant souvent bien en verve.*[13] Je suis fraîche comme vous, Monsieur le Maire ! Petite touche subliminale et qui fit mouche, venue au détour du sujet du ravalement de façade la métaphore filer et clore un procès infernal en illégitimité, qui nous était depuis un an, injustement intenté par un tout nouveau premier magistrat, discourtois lors de sa prise de fonction autant que balbutiant. « C'est bien, cette proposition ! Mais [...] vous auriez pu faire avant », m'avait-il de

[13] Article de La Voix du Nord en date du dimanche 22 février 2015.

manière absurde rétorqué, nouvellement élue que j'étais. *Fraîcheur garantie !* avait titré *La Voix* à mon endroit.

Le ton, le mien, fut ainsi donné. Offensif, mais courtois. Au demeurant éloquent quand il se pouvait. Tonalité que j'ai tâché tant bien que mal, dessus la cacophonie ambiante, de tenir jusqu'à la fin, ô combien chaotique, d'un mandat condamné d'avance puisque né cacochyme. Dont le dernier trimestre deux mille dix-sept constitua selon moi définitivement le schisme. Un tract ni fait ni à faire. À la tonalité qui, elle, par contre, ne me ressemblait guère. Se voulant racoleur, se révélant piètrement ravageur. À nous foutre tout bonnement dans le pétrin. Notre exigence habituelle, digne de scholies, réduite en cendres, en scories : en venir à alimenter à tout prix la story locale à coup de scandales et pour ce faire recourir aux expédients, exister vaille que vaille, à faire se fondre notre grain de sel pertinent dans l'ivraie perverse du scoop pour le scoop – ou quand la griserie du potin sur la matière grise prend le pas et la main. Tandis que nous avions jusqu'ici fait dans la dentelle, le corseté pour modèle, guidés en cela par la pondération naturelle du plus ancien d'entre nous, meneur de jeu en amont des conseils, arrière-je durant, voilà que nous étions tombés dans la fange du brûlot à l'aigreur d'un ragot, au contenu d'une maigreur à faire pâlir plus encore un fayot. Le risque de la mise en examen au final pour magot. Ballot. Poussés dans le caniveau de la politique politicienne de bas niveau, sous l'impulsion de quelques dissidents venus nous rejoindre, subitement frappés par la clairvoyance comme par la foudre vis-à-vis de la majorité, nous enjoignant à mener ensemble la fronde, la leur véritablement, et vers le gouffre du procès en diffamation nous ayant bêtement précipités.

Par ailleurs, mon ami et soutien Romuald, jeune ancien maire des environs, malheureusement éphémère, quoique bien compétent, se montrait déjà très à l'écoute de mes tribulations dans l'opposition, se révélant doublement expert sur ces questions puisque cultivant un certain détachement depuis son éviction des affaires communales ;

lequel détachement conférait en effet à son engagement, demeuré, lui, constant en dépit de circonvolutions électorales, une approche originale, empreinte de prise de hauteur, épurée, dénuée d'aigreur, complètement décomplexée, totalement exempte du moindre relent acerbe que génère chez d'autres, généralement, la mise à sac de leur carrière et conséquemment de leur notoriété devenue précipitamment exsangue. Ainsi Romuald m'avait-il d'emblée avertie que je courais à ma perte. De ce ton intraitable, tranchant, sans concession aucune, qu'on lui connaît, que toi-même Alain désapprouvais, et pour cause, qui sans doute avait dû lui coûter cher à l'heure de l'appel aux urnes, dans un contexte où compte la fioriture, où il convient de plaire et de satisfaire, coûte que coûte, à certains de servir la soupe et du bon côté du manche s'il vous plaît, mais radicalité ô combien opportune pour qui sait de cette absence de tact aux entournures ne pas lui tenir rigueur, ne pas le prendre comme un affront, et s'attacher à l'élémentaire : le caractère limpide et lucide que très souvent son analyse comprend, sur un monde qui, pour le coup, intraitable l'est tout autant. Ce style froid, parfois cassant, tu l'avais effectivement réprouvé, Alain, pour en avoir amèrement fait les frais. C'était sur le front de ta campagne législative de deux mille douze, à laquelle Romuald, en tant que membre actif de ton comité, aux côtés de Greg qui lui aussi sur le terrain sacrément dépotait, participait. Et comme pour Martine Aubry et Brigitte Parra en leur temps, pas qu'à moitié. En amont d'une réunion publique, celui-là t'avait tout bonnement sommé de ne pas te désaltérer durant la rencontre, en raison de ta main qui, dans l'exaltation du débat, se mettait à trembler :

— Quand tu tiens ton verre, Alain, on ne voit que ça !

— Mais enfin ! Romuald ! Je n'y peux rien ! Ce sont des tremblements essentiels, c'est congénital, tout le monde dans ma famille en a !

— Je le sais bien. Mais les gens en face ne le savent pas. Et certains penseront tout bêtement que tu deviens sénile. Ce qui n'est certes pas le cas. Mais l'amalgame, pour inopportun qu'il soit, se fera, crois-moi.

— Mais je ne vais quand même pas parler deux heures durant sans boire une seule goutte d'eau ! N'exagère pas !

— Je te préviens juste, Alain. C'est ça ou quelques voix en moins. C'est toi qui vois.

Sur ce, tu avais ravalé ta colère et plusieurs verres d'eau par anticipation, avant de paraître. À la déshydratation momentanée, tu avais consenti, mais cet exercice forcé t'était resté en travers. Plus tard, souvent, tu me le ressortirais :

— Je le trouve parfois trop sévère, et ses réflexions, dis donc, pas piquées des vers !

— Et pourtant, il t'aura rendu service, non ?

— Oui, m'enfin, bon, y'a des façons !

Piqûre d'amour-propre, à raison, mais qui de votre implication commune n'eut pas raison, ni de votre intelligente collaboration. Quand, deux ans plus tard, vinrent les municipales, tu renverrais l'ascenseur à Romuald, celui du logement social en particulier, dont tu avais fait ton rayon, en lui inculquant quelques leçons de porte à porte bien avisées, trouvant sa campagne à ce sujet trop timorée ; ces pratiques d'antan que tu chérissais, dont tu savais pertinemment la plus-value, aller au-devant des gens, y compris de leurs invectives, ça payait, ne pas les redouter, ces échanges à bâtons rompus dans les cages d'escalier, toi tu en raffolais, t'y étais pendant des années inlassablement frotté, bravement confronté, durant lesquels rien ne ment – et les rapports francs, tu n'aimais rien tant. Palier cette fois-là non atteint, à trois marches près. Un renvoi d'ascenseur qui à lui seul ne pouvait suffire à pallier d'autres censés venir de plus haut, mais venus à manquer.

Alors, depuis les coulisses où en fin observateur il se tenait depuis sa semi-défaite retranché, Romuald m'avait à mon tour soufflé dans les bronches, non content de me voir sur scène en vain m'époumoner : « Hélène, les gens n'aiment pas les opposants. Tout juste en attend-on qu'ils mettent un peu d'ambiance en conseil, comme à l'ère des romains *panem et circenses* divertissaient dans l'arène. Ne perds pas ton temps ni ton énergie à ces querelles : quelle que soit la plus-value de tes arguments, on n'en retiendra qu'une vague idée d'affrontement. » Sur ce point, mon ami, mon soutien, avait visé juste. Deux mille vingt verrait le maire dans son second mandat conforté ; et son opposition annihilée. Ce qu'il ne prévit pas, c'est que ce n'est pas cette mort – là, somme toute insignifiante, qui, cette même année, m'anéantirait moi. Mais ta mort à toi. Dont par ailleurs il m'aiderait patiemment à me relever, comme concrètement il relèverait mon corps étourdi, avachi auprès du tien sans plus vie, le vingt-six-juillet deux-mille vingt, et mon chagrin recueillerait pour la nuit.

Voilà recontextualisée la genèse de notre rencontre, Alain, cette fois la bonne, la vraie, toute personnelle, la toile de fond pour le moins désenchantée, le cadre austère dans lequel j'ai réceptionné ton appel : lasse, écœurée, malmenée par ces quelques années dans l'opposition qui m'avaient affamée politiquement, ne m'avaient menée à rien si ce n'est aux portes d'un tribunal, en proie à une plainte pour diffamation, à deux doigts d'une mise en examen que j'ai su éviter au final – grâce à toi notamment qui me recommandas (à) Maître Franck Berton. *Register* amer. Vingt-deux ans que je militais, humblement quoique vaillamment ; vingt-deux ans et je me trouvais essoufflée, comme au mitan d'un marathon parcouru sans l'ombre d'un ravitaillement, en bout de course, à bout de nerfs, l'abandon à bout portant, l'anonymat du bénévolat pour tout dossard, le gain des kilomètres endossés ravi par l'absurdité de l'histoire – la petite, même pas la grande, la localo-locale. Quand au bout du fil, ce dimanche-là, tu me prias de faire entendre ma voix, t'y fias et me remis sur la voie. La tienne. Convaincue et convaincante. Celle dont jamais tu ne te départirais. *Là où il y a une volonté...* [14] et *Il faut donner du temps au temps* [15] qui, selon toi, était un allié.

---

[14] *Là où il y a une volonté, il y a un chemin,* citation attribuée à Lénine, Winston Churchill, Luther ou encore Einstein.

[15] *Don Quichotte* de Miguel de Cervantès.

Parce qu'évidemment, *é-vi-dem-ment*[16], je t'ai rappelé. L'après-midi même. Tel qu'annoncé. Moins parce que friande des motivations de ton insistance, qu'exemplaire en matière de respect des règles de civilité – et parce qu'aussi il est des valeurs qui sont en nous engrammées. Ainsi donc, tu m'as exposé et j'ai compris ta ferme intention de faire renaître de ses cendres *la 5e circon*, en déclin, dont les scores de gauche sombraient en flèche depuis tes dignes quarante-neuf pour cent réalisés aux législatives de deux-mille douze. Ta *der des der*. Étrillé ensuite aux municipales, balayé que tu fus en interne entre les deux tours, du jour au lendemain, d'un revers de main de fer, le renard que tu paraissais, naguère rusé, soudain meurtri dans sa chair, s'était retiré, abattu, usé, quelque temps en sa tanière, pour enfin s'en extraire, étonnamment requinqué : ton combat ardu livré contre la RLS[17] t'avait remis en selle. Derrière toi, c'était certain, ta carrière pour l'essentiel, mais devant la génération nouvelle, à propulser. De laquelle, toujours selon toi, j'étais. Et je t'ai répondu « non ». Et tu m'as écoutée, longuement, égrener mes griefs à l'encontre d'un fonctionnement des sections éculé, opiné du chef à mon constat d'une Fédé incomprise, mal-aimée de ses militants et vice-versa, nous qui dans *la 5e* étions toujours passés pour des Gaulois aux yeux des Lillois, partagé mon avis quant à l'importance de restaurer de part et d'autre le blason, confirmé l'impression ultra positive que j'avais de notre nouvelle première fédérale, Martine Filleul, « une vraie de vraie ». Et tu m'as coupée net. Remerciée de ma sincérité. Louée pour mon analyse de la situation, félicitée d'autant d'acuité. Tempérée quand j'ai redit « non » à ta proposition d'impulser à tes côtés une *AG* intersections. Aussitôt après, proposé de déjeuner, alléguant que nous ne pouvions décemment pas laisser une aussi belle fibre militante dériver ni le fil de cette discussion en suspens, que décidément non, que le sujet était de toute façon bien trop dense et que de l'évoquer ensemble le rendait, plus encore, intensément intéressant. Le temps de

---

[16] Tic de langage d'Alain.

[17] Réduction de Loyer de Solidarité (RLS), mesure de la loi de Finances 2018 qui introduisit une réforme d'ampleur du financement des aides au logement et qui entraîna la diminution de l'Aide Personnalisée au Logement (APL). Projet de loi adopté le 21 décembre 2017.

laisser passer les fêtes, et au passage de m'en « remettre » (ici, entre les lignes insinué, manifeste, un peu de ton esprit taquin, railleur autant que batailleur, dont, à restituer a posteriori par écrit notre conversation, je me rends compte, c'est *m'Alain* !), et nous aviserions. Affaire rondement menée : c'est en janvier que nous nous retrouverions, le douze à midi, un repas pour clore notre conversation et quittes alors nous serions – pour en conclusion ne plus nous quitter.

Bien inspiré fut ton appel à ce moment – là en tous cas. Lequel épongea, un tant soit peu, la dette d'attention cumulée par la Fédé ces dernières années, et pas qu'à mon modeste endroit. Sursaut sur lequel Martine Filleul, quelques mois après, renchérirait, en ouvrant le secrétariat fédéral, en en faisant le symbole du renouveau et de la diversité, par celle des territoires à commencer, au sein duquel je figurerais et la commission sur la réforme des Institutions je me verrais confier – un enjeu à prendre au sérieux, primordial, qui touchait à notre Constitution fondamentale, mais sujet par le gouvernement sitôt évincé, soi-disant suspendu aux lèvres de l'affaire Benalla… et l'œuvre en gestation, tel un avortement, s'est arrêtée là ; tout comme sur ma dernière réunion s'est définitivement refermée la porte du premier étage de la Fédé où elle s'était tenue, étage par manque d'argent vendu.

***

Dimanche dix-sept décembre deux mille dix-sept. Ce dimanche-là où, va comprendre pourquoi, tu te rappelas de moi et parvins à moi, me repêchas amère et ta pêche me répercutas. Lointain repère en ta mémoire réactivé. Par qui ? Par quoi ? Regain subit d'intérêt qui s'attarda sur un certain regard, le mien, sans aucun doute miroir de tes peines anciennes, par les miennes ravivées, je le saisirais plus tard, après, dans lesquelles tu t'es figuré qu'à mon tour je me noyais… Tu m'as tendu la main, pris garde à ce que je ne perde pied, as, comme pour un territoire, bataillé, t'es entêté… T'es-tu seulement fourvoyé ?

Ce dimanche-là où, va savoir pourquoi, se mua, in extremis, mon affliction en remobilisation, aux fins de relance de *la 5ᵉ circon.* L'énième. La nôtre. Notre *der des der* à nous.

L'engagement politique est une formidable école de vie ; tu y rencontres des épreuves ; elles peuvent te faire exploser, mais si tu les surmontes, elles te rendront plus forte. Persiste dans ton engagement ; tu en as tous les talents et ça je l'ai senti dès le début de notre relation ; elle te procurera les plus grandes joies, et notamment celle d'aller au bout de toi-même ; je peux modestement t'y aider, muni de mon expérience, mais tu peux aussi le faire seule ; tu en as le talent et la force et la résistance – ce n'est pas par hasard que tu es marathonienne !

Lettres à Hélène, Alain C.

XIII (bis)
L'élan inexpliqué

Lundi 24 mai 2021 – De Lille à Saint-Lô

Car tout est allé très vite ; un coup de fil aux alentours du 15 décembre, depuis Saint-Lô : je me revois sur la place, attendant l'ouverture du marché de Noël, dans l'espoir de voir [...], et t'appelant. Je m'en souviens très bien. Ce qui avait provoqué le déclic qui m'avait décidé à t'appeler, très honnêtement, je ne m'en souviens pas.

Lettres à Hélène, Alain C.

Alors, j'ai voulu comprendre. Me rendant moi-même à Saint-Lô. Là où, ce dimanche dix-sept décembre deux mille dix-sept précisément, tu t'étais fourvoyé, à quérir un être cher que, ce jour-là, tu ne verrais pas. Là où, au gré de ton errance, à ta passion première tu t'es arc-bouté, puisque des cercles autrement plus personnels te boudaient ; au combat de toute une vie t'en es retourné. Là où ta quête en Cotentin t'a malmené, tu t'es contenté, au sens satisfait du terme, de cette autre sphère, militante, qui ton existence durant debout te tint, ainsi que tout au long d'un chemin ardu son bâton le pèlerin, et qui vers moi en temps opportun t'a mené. Une sorte de réponse en forme de pied de nez au désœuvrement, désordre inconfortable, désert sentimental que tu traversais : au pied du mur du silence auquel en privé tu te confrontais, te remettre à pied d'œuvre et remaçonner l'autre, chantier public, à découvert, venant son revers, le pan intérieur, compenser, ta déveine intime momentanément épauler. Un étai. Quand on y pense, quand on y songera après, que tes âpres recherches aient ainsi pu te conduire à moi et constituer notre aubaine… quoiqu'une autre peine un jour prochain, ma déveine à moi, c'est certain.

Dehors, il fait froid. Nous sommes en plein mois de mai, mais redoutable est ce vent que je me prends de face, qui monte en puissance à mesure que j'arpente la route ascendante censée me mener au site remarquable indiqué ce matin par le garçon de café. LE café. *Le Grand Balcon*. Lieu unique en son genre et alentour, qui, vu d'en bas en arrivant, me fit forte impression, sorte de règne en surplomb, par aucun autre commerce du même ordre, à proximité, concurrencé. Place du Général de Gaulle, la principale, au *quarante-quatre* : inutile de tournicoter, c'est là que tu t'es installé. Bière en terrasse, plat du jour au besoin, entouré de gens du coin que tu n'auras pas manqué dans les yeux de saluer, sur ces bribes de vie de t'arrêter, et point de vue immanquable pour qui veut scruter et/ou être repéré – immanquablement, c'est là que tu te seras attablé le jour où, de Saint-Lô, pour la première fois, tu m'as téléphoné.

— À part le monument derrière, sinon je ne vois pas…

Charmant, enclin à me renseigner, tout à la fois conscient et gêné de sa juvénile approximation, l'apprenti serveur prend le soin de la concentration, *mais non, vraiment, réflexion faite, il n'y a rien d'autre à voir dans ce périmètre*.

— Sinon, il y a les rues piétonnes pas loin, si vous voulez faire les magasins…

Je le remercie gentiment, tandis qu'il me ressert un café. Entre deux gorgées, le vent s'est levé, l'horizon s'est couvert, l'air humide sous l'auvent commence à s'engouffrer. Si je sais aujourd'hui ce que tu étais venu faire ici, puisque tu me l'as par la suite écrit, je ne saisis toujours pas ce qui vers moi t'aura conduit, ce qui l'un vers l'autre plutôt que toi vers lui, nous aura fait converger. Mais cessons là de gamberger. Je suis transie, glacée. Il semble grand temps de m'extraire, et de mes questions qui tournent en boucle, et de cet endroit qui ne m'apprend rien de toi que je ne sache déjà : ton goût du défi que viennent baliser tes manières simples – risquer de parcourir à perte, en une nuit, quatre cent cinquante kilomètres et d'une bonne bière te repaître.

Pas bien loin, le garçon m'avait-il dit. J'ai donc emprunté le chemin qu'il m'a vaguement montré, une voie en pente, bientôt pavée, déserte, que j'ai péniblement remontée, cinglée par le vent, cinglée tout court d'aucuns penseraient. Quand soudain une pluie de grêle sur ma marche frêle s'est abattue. Comme en *quarante-quatre* sur elle les obus. Elle. La cathédrale blessée. Qui à point nommé au sommet de ma déambulation sitôt accélérée me tend les bras. Se trouve là. Notre Dame au présent, au passé cicatrisé. Vers elle je me suis précipitée, en son giron je me suis abritée, dans cet antre humble de leçons j'ai trouvé refuge, confié le cours incessant de mes interrogations, quémandé leur pacification. Je ne saurais me signer, mais toujours devant pareille majesté s'incline, en respect, mon sens prononcé de la laïcité. Mouillée de la tête aux pieds, le jean détrempé (celui que tu m'as offert, parce qu'il me moulait, eh bien ! si tu me voyais !), je me suis avancée, à pas feutrés pour ne pas troubler l'atmosphère figée en sa tranquillité : une brume épaisse d'encens et de sérénité, un crêpe enveloppant, ombreux et soyeux que soulèvent çà et là des sillons de lumière s'infiltrant par la verrière – et à leur invite notre attention les vitraux anciens rejoint. J'y entre comme dans un bain consolant qui à son tour pénètre mes sens en tourment, les apaise. Notre-Dame est onguent. Très perturbée, à elle je me suis présentée ; en impétrante, nimbée de ses bienfaits, je ressortirais. Déjà je le pressens, je le sais, du moins en ai-je la volonté. L'explication, ou, s'il m'est permis de l'écrire, la révélation, ne s'est pas fait attendre : tout dans le panonceau la contient, ersatz de cartouche qui davantage à une grande Dame siérait, sorte de présentoir dressé près du porche d'entrée tel un centurion Prior qui, garant de la bonne avancée de ses troupes, objecte au citoyen qui s'égare son bouclier pour mieux l'orienter. Sur cette vérité qu'il me tendait, toute historique celle-ci, je me suis penchée et, d'aussi loin qu'il m'en souvient, j'y ai appris ceci : *Notre-Dame aux faux airs de cathédrale… détruite pour moitié… dans cet état d'esprit reconstituée… témoin de la guerre passée, en portant à jamais les stigmates… mais son chœur, lui, est resté INTACT.*

Juillet deux mille vingt. J'ai perdu une part de moi.
Comme en *quarante-quatre*, la cathédrale sa moitié
Nord – qu'il y a *quatre ans* tu regagnais, cœur en émoi.
D'un chœur à l'autre, d'Alain à moi, et tout fut restauré.

Long. Doux. Et blanc silence par ce cierge incarné qu'à l'aide de son voisin vacillant j'ai éveillé, passage de relais entre démons et merveilles, sage relecture d'une funèbre oraison qu'estompe l'horizon dès lors qu'on sait le célébrer. Alors, des ténèbres à la lumière j'ai remonté le sillon, la tête tournée vers la verrière.

Dehors, il fait bon. J'ai laissé derrière Notre-Dame, sa tour et son bourdon, ceinturés de leurs fortifications, pour sans détour me fondre, à mon tour et sans plus d'effort, dans le présent. Le cœur ouvert et confiant, saturé de ton, de tant d'amour. Quand soudain ! Tiens ! C'est drôle ! Midi sonne, le soleil donne, et devant moi s'étend la terrasse d'un bistrot, *Le 59…* dont la patronne me fait *signe* d'approcher – qu'il me soit permis, à moi aussi, de croire « aux forces de l'esprit »[18].

***

Dernier trimestre 2017

Le couperet sur le monde de l'habitat social s'apprête à tomber : la nouvelle *stratégie logement* vient par le gouvernement d'être présentée. Qui déclenche une mobilisation sans précédent des acteurs

---

[18] « Je crois aux forces de l'esprit et je ne vous quitterai pas », avait dit le Président de la République François Mitterrand lors de son dernier message de vœux adressé aux Français en 1995. *Les Forces de l'esprit – Messages pour demain* est aussi le titre donné à son récit biographique ; pour le 20e anniversaire de sa mort, la psychanalyste et écrivain Marie de Hennezel publie un ouvrage qui y fait référence *Croire aux forces de l'esprit.*

concernés. Au premier rang desquels, président de leur fédération[19] que tu es, tu te distingues. D'emblée, le vingt-sept septembre deux mille dix-sept, en réaction immédiate au projet de loi de finances tel qu'il vient d'être annoncé, avant-goût d'une loi ÉLAN[20] que vous jugerez délétère, tu exposes devant le parterre des représentants des offices, à Strasbourg en congrès réunis, ce que ce texte implique, ce qu'il sous-tend de dangers. « Notre pronostic vital est engagé ! » as-tu alerté puis la bannière d'une lutte acharnée haut portée.

Ainsi, fin deux mille dix-sept, tu as avec ton *élan* primordial renoué, ton allant retrouvé, la défense du logement social pour contexte qui a rouvert la voie à tout le reste. *HLM mon amour*[21], combat qui, en parallèle, vers moi, HéLène M., t'a conduit, sans détour ni retour. La marque de ton impétuosité. Ton élan dernier.

Vie personnelle et vie, engagement, politique, je suis ainsi fait, d'avoir toujours intimement mêlé les deux [...] Et une conclusion pour nous deux : parce qu'il y a, à coup sûr, une passion commune, l'engagement politique, notre relation mêlera les deux ; ce sera même une de ses forces, même si la principale, l'ESSENTIELLE, est ailleurs : dans la haute estime dans laquelle on se tient l'un l'autre, avec la volonté de respecter la liberté de l'autre – j'appelle ça l'amour, que je te porte.

Lettres à Hélène, Alain C.

[19] Fédération des Offices Publics de l'Habitat.
[20] Loi portant Évolution du Logement, de l'Aménagement et du Numérique, promulguée le 27 novembre 2018.
[21] Référence directe à *HLM, mon amour : Un combat pour la solidarité*, ouvrage de Frédéric Paul, ancien délégué général de l'Union sociale pour l'habitat, publié le 18 septembre 2020.

XIV
L'élan naissant

Dimanche 21 janvier 2018 – Midi – Des Weppes aux Vêpres

« Il me semble que vous confondez mon genou avec le frein à main, Alain… »

Inconvenant. Le poids écrasant, par-dessous le volant, de ton geste, leste, grivois autant qu'infatué, ô combien inconvenant je l'ai trouvé. En dessous de tout. De tes foncières intentions, dont j'avais supputé, d'abord premier, qu'elles pussent être de bon aloi – et fondamentalement l'étaient, j'en voudrai pour preuve les dessous de nos débuts, allant de ton semblant de distance, qui faillit me faire offense, à tes tâtonnements qui m'ont tant émue quand, à travers eux, ton trouble j'ai finalement perçu et sa confirmation dans tes mots peu après j'ai lue. Absence de tact au-dessous de toi et de ta qualité surtout. Carrément discourtois. Carence dont, tout au long de notre relation, à chaque fois que ses prémices nous évoquerions, je ne disconviendrais pas. Sans aucun doute déçue par *ça*, le raté de cette première fois-là, parce qu'ayant déjà absolument foi en toi. Pure présomption de prévenance : tu m'es présumé délicat. Ce délit de façon et d'indécence, ce manquement à la bienséance, ce code des convenances auquel tu contreviens, cela, je le sais, je le sens, ne te ressemble point. J'ai misé sur ta réputation pour indice (aucun écart de conduite, jamais, à déplorer) ; je me suis fiée à mon instinct en autosuggestion (tes manières ne sont pas celles d'un coureur de jupon) ; et bientôt prendrais à témoin l'insubordination de ton désir quand surviendrait l'effraction de tes garde-fous par le mien :

Ne pas t'avoir embrassée n'était pas l'expression d'une quelconque réserve à ton égard, mais la marque du respect profond que, d'ores et déjà, je te porte. Et je te garantis que l'envie m'a tenaillé.

Lettres à Hélène, Alain C.

La discordance est telle que je tends davantage l'oreille : cette seconde d'insolence sonne décidément bien faux. Rien qu'un p'tit couac, une ombre infime dans un coin du tableau dont le propos central reste élégant. Ombre floue bientôt dissipée par le choix inspiré que tu as fait, justement, de nous emmener parcourir l'exposition en cours au *PBA*[22].

Alors quoi, dis-moi ? Humour gaulois ? Falloir se faire douleur, maladroitement bousculer ses pudeurs et fronder les bonnes mœurs ? Jouer au mâle assuré ? Excès de zèle de l'homme mal assuré ? Ou bien ? Test taquin ? De la provocation, à l'occasion de nombreux débats, l'on t'a connu le roi. Allons bon. À ton incorrection par la plaisanterie je réponds, plutôt que de m'insurger, à l'incongru de telle situation j'oppose un petit pied de nez : « après notre visite au musée, je vous donnerai une leçon de *conduite* aussi, si vous y tenez ».

Car cet après-midi, nous avons pris date avec Jean-François Millet. C'est là notre second rendez-vous, convenu dès après le premier, ce repas décisif du douze janvier, à *La Bella Italia*, ton restau préféré. Une fois ciblés mes principaux centres d'intérêt, passés au crible de la conversation que tu as activement entretenue tout au long du déjeuner, tu n'as pas perdu de temps, renchéri illico sur ce coup d'essai, enchaîné au triple galop les occasions de nous retrouver. Ce deal qu'aussitôt tu m'as proposé, entre ta mousse au chocolat améliorée (comprenez d'un supplément de chocolat chaud nappée) et mon

[22] Palais des Beaux-Arts de Lille.

expresso pris sur le pouce, avant la reprise du boulot, bien vite avalé : t'initier au monde des arts qui me passionne, moyennant quelques orientations politiques, registre que toi, particulièrement, tu affectionnes. Devenir ta conseillère culturelle privilégiée, en somme.

Ce dimanche vingt et un janvier se joue donc le second tableau du premier acte de notre histoire. Changement de cadre, direction *Les Beaux-Arts*, où dernière opportunité nous est donnée de venir contempler l'œuvre du peintre, restituée au confluent de l'art américain et des courants contemporains, magnifiée en ce palais lillois fait écrin. Et d'emblée nos esprits, comme le niveau de la conversation piètrement engagée dans ta voiture, se sont élevés. Bien mal emmanchés, sinon choqués, du moins gênés aux entournures, nos échanges, soudain, prirent une tout autre tournure, eurent d'un coup beaucoup plus fière allure. Guidés en cela par une conférencière extra, à l'entrain et au débit tellement extraordinaires qu'elle suspendit recta aux cimaises comme à ses lèvres notre curiosité ainsi aiguisée, autant qu'elle attisa en moi, émoi sitôt partagé par toi, le relent chagrin du regret : celui d'un certain monde, d'avant, déjà ancien, où l'audioguide, fût-il utile, n'avait pas pignon sur rudiment, à savoir le respect le plus élémentaire vis-à-vis de qui vous parle et qui plus est vous instruit – la considération d'un regard ou d'une écoute, tout simplement. Futile est déjà la technologie quand elle asservit nos dispositions au détriment d'autrui ; sordide je la ressens dès lors que l'individualisation des pratiques qu'elle favorise, supplante définitivement toute possibilité d'interaction. À t'observer tout autant que moi désolé, tu sembles de mon avis. L'apparente indiscipline des groupes, du nôtre comme des nombreux que nous croisons, nous interpelle en effet. S'ils sont tout ouïe, ce baladeur sophistiqué collé au tympan, beaucoup de visiteurs sont absents, à l'échange par commencer, font défaut au moment, s'éparpillant dans le brouhaha ambiant, tournant le dos aux bonnes manières et à la conférencière d'une façon qui peut paraître aisément outrancière ; laquelle conférencière, demeurant bon an mal an professionnelle et impliquée, s'évertue à narrer et à s'animer, comme si de rien n'était, astre soliloquent s'obstinant à faire la lumière sur œuvres de toute beauté, le verbe savant s'inclinant comme en prière devant *La grande bergère*[23], elle-même incarnant l'imperturbabilité sur fond de confiante docilité, semblant par l'Esprit Saint éclairée. Là, tout n'est qu'harmonie et sérénité… tandis qu'en notre réalité continue de se disperser la troupe de nos comparses, tantôt distraits, tantôt trop bavards, parfois égarés quoique connectés. Si trente-deux années de vie nous séparent, nos principes sur ce point, Alain, s'y entendent bien : un guide, quand il possède ce don, s'écoute avec attention, s'observe avec intérêt, et son propos se reçoit avec délectation.

Ta déconnexion à toi, juste une fraction de seconde dura.

Distraction d'un esprit happé bien davantage qu'inintéressé.

Par mes talons réprouvée, tournés, narquois, devant tes yeux doux béats.

Qui, de *L'homme à la houe*[24] détournés, sur mes formes (avoue !) s'étaient fixés.

Digression le soir même avouée.

Moi aussi, j'avoue, j'ai aimé. Éprouver ton pas prestant dans les miens, plus prestes à fendre la foule qu'à en dépendre ; relever tes marques d'intérêt, parfois feint, calées dans les moindres recoins de mes propres arrêts sur image ; un peu moins goûter à ton humour potache au sujet de la *Femme faisant paître sa vache*[25]… Alain, enfin ! Mais oui, j'avoue, j'ai aimé ouïr ton attrait médusé, partagé, pris en étau entre la couche éminemment militante que tu découvrais dessous le pinceau de Millet, et notre soudaine proximité, bien plus que militante, elle, désormais, tout juste naissante et qui déjà te touchait. Oui, j'avoue, j'ai véritablement aimé ressentir ton désir, lui, pour le coup, absolument non feint, éclore en plein mitan de ces braves gens peints dans leurs travaux quotidiens comme en élan de grâce, des gens du siècle d'avant, dont toi

[23] Estampe de Jean-François Millet datée de 1862.
[24] Huile sur toile de Jean-François Millet datée de 1860-62.
[25] Huile sur toile de Jean-François Millet datée de 1858.

et moi avions hérité transgénérationnellement du sens du labeur et de la conscience de ce que coûte le pain, enfants ; surprendre ton désir en pleine éclosion et voir son expression soudain se suspendre, l'instant d'un *Angélus*[26] se river à l'endroit de la vertu, se loger en son invite, et, d'un *Vanneur*[27] à l'autre, plaisantin vilain qu'une minute en bagnole tu fus, mis à nu le lyrisme, mué en poésie tout prosaïsme.

Au cœur du *Palais des Beaux-Arts* lillois, en traversant son hall grandiloquent, au gré de l'œuvre, immanente, de Millet Jean-François, sans le savoir, dès ses premières heures, notre Histoire d'A a glané ses ferments : sur le terrain fertile de l'esthétisme socialement engagé, d'amour et d'art elle s'est ensemencée. Et a posteriori de ton décès, au fil ténu des réminiscences que vient troubler le deuil en ses délirants effets, j'ai permis à mes fantasmes franchement de s'agripper : Agnès Varda, glaneuse par excellence d'authenticité, serait alors passée par là, escortée par l'artiste JR, tant qu'à faire, pourquoi pas, qui tous deux auraient capté notre émoi, saisi cet instant, capturé l'éphémère de nos balbutiements, pour ainsi dire auraient conféré des perspectives à la fugacité de cet élan naissant. Le documentaire *Muses en musées,* dans la droite ligne, digne et anonyme, de *Visages, Villages,* ainsi serait né – pour ce que coûte, dans mon cas désespéré, l'imaginaire et ses bienfaits…

***

Décembre 2020

Coïncidence étrange ou signe du destin. L'œuvre de Marcoz au *Palais des Beaux-Arts* s'expose. *Le regard d'Hélène*. Qui sur un sujet défunt se pose. De profil, abattu, caressé de longs cheveux roux, en plus. Et cette question qui en filigrane nous est posée : qu'est-ce qu'une œuvre sans un regard ? Une passion sans plus d'écho, ai-je pensé. Et de nous écrire, Alain, j'ai continué.

---

[26] Huile sur toile de Jean-François Millet datée de 1857-59.

[27] Huile sur toile de Jean-François Millet datée de 1847-48.

XV
L'élan encré

Enveloppe à en-tête OPH[28]

Paris, le 20 février 2018

Hélène Chérie,

À 23 h 30, après une journée très intense, mais très utile pour le combat militant que je mène, tant au niveau HLM que politique, je prends la plume, un peu ivre de fatigue, pour respecter la promesse que je m'étais faite : je m'étais fixé d'écrire la première lettre aujourd'hui ; je n'ai pas pu le faire dans la journée, enchaînant réunions et rendez-vous, déjeuner et dîner compris ; je le fais donc maintenant. Mais je serai bref.

[...]

Et la question qui m'a hanté et poursuivi toute la journée, me ramenant toujours à toi, malgré l'intérêt de mon programme journalier, était bien : est-ce que je vais trop vite avec Hélène ? Est-ce que, reprenant la formule footballistique, je ne confonds pas vitesse et précipitation ? Est-ce que ce n'est pas la traduction concrète d'une des formules préférées de ma mère à mon égard : « Alain, il n'a pas de juste milieu ! *» Est-ce que je n'entraîne pas Hélène dans un tourbillon qui, à l'évidence, lui plaît, mais qui ne lui laisse pas*

[28] Fédération des Offices Publics de l'Habitat.

franchement la possibilité de me dire : « je veux une pause », *ou au moins* « Allons moins vite ».

[...]

Ce 20 février, cela fait un mois et 8 jours.

Et un chemin parcouru, à peine croyable. Je ne peux plus me passer de toi ; ton visage, tes idées, ta générosité, ton regard si lumineux, ta tendresse qui s'exprime dans tout ton être ; ta façon de faire si bienveillante et efficace (ta relation à Soho [le chat d'Alain, N.D.L.R.] *de ce point de vue est un modèle !) ; ton corps si beau, si souple et puissant, si [...]*

J'arrête là, je pourrais continuer des lignes, des lignes et des lignes.

En un mois et dix jours !

Et puisque je me suis juré, avec toi (mais j'ai toujours un peu fait la même chose) de dire les choses simplement, mais avec force, moi qui suis si prudent avec les mots que je vois si souvent galvaudés au PS (et ailleurs !), aller plus loin ce soir, en te formulant mes interrogations dont la réponse est déjà dans la question :

– Et si c'était elle, Hélène, la femme de ma vie ?

– Si c'était elle avec qui j'ai fait un parcours incroyable en un mois et 10 jours, elle qui est bien réelle, avec la merveilleuse impression d'avoir à peine commencé et que « le meilleur est à venir » *[...]*

J'ai une prudence de cœur avec toi, tu m'es déjà bien trop précieuse, mais je veux te le dire puisque je le pense : Hélène, je t'aime de toutes les fibres de mon cœur, de mon esprit, de mon corps.

Je t'aime, mon Amour, à en souffrir de bonheur et de crainte que tu me dises : allons un peu moins vite.

Mais je n'y crois pas. Et si l'on parle de vitesse, je crois qu'on peut écrire : « on va trop vite » *et pas* « je vais trop vite ».

Même si je respecte profondément ton droit de dire « ralentissons », « arrêtons-nous » *même, provisoirement ou durablement.*

Malgré la fatigue (qui d'ailleurs s'estompe), j'ai été très heureux d'être avec toi pendant une heure par la plume.

Je t'aime, Hélène.

Alain

XVI
L'élan Montdoyen

De février 2018 à aujourd'hui

Il fut le témoin privilégié de notre histoire intime. Nous a mis en confiance quant à sa provenance, ses racines. Terroir qui au loin préserve votre lien demeuré indemne nonobstant les ans, la distance, des intérêts qui, en d'autres mains moins intègres que les tiennes, eussent pu être embarrassants ; or du Sud-Ouest qui à chaque nouveau millésime s'affirme et par l'entremise d'un fils, dont le talent talonne l'entreprise du père, rejoint le Nord, son versant inspirant, sa terre complémentaire, d'où votre attachement l'un à l'autre est originaire, qu'en une fraction de seconde l'évidence fit naître, coulant de source comme ce filet rouge, rosé, blanc qui aujourd'hui le maintient au-dedans.

Il a insufflé le verbe, animé notre verve lors du toast premier, ton verre tintant confiant contre le mien plus inhibé, que je bus d'un trait encore un peu timoré. A étanché notre soif de bien-être et, ce faisant, bienfaisant, nous a amenés à nous épancher plus aisément – moi du moins que ton bagou abreuvait déjà abondamment –, à mieux nous connaître et ainsi arriver à nos fins, peut-être. Des questions qu'il suscitait aux réponses qu'il fluidifiait, nous a fait oser, rendus sur certains aspects plus téméraires, à nous assoiffer encore, de curiosité si pas d'aveux indiscrets. S'est empourpré autant que mon cou, à moins que ce ne fût l'inverse, lorsque tes lèvres imbibées de ses arômes qu'il nous avait offerts s'y sont risquées. A atténué de ces dernières l'amertume de qui fume, écume de cendre intensément salée sur elles attardée. Ne s'est pas fait longtemps tanner quand, d'un commun accord outrepassant le sien et ses tanins, nous fîmes l'impasse sur l'art des mets qui sied au vin, que nous compensâmes en notre âme et conscience, à une heure bien avancée, par leur sublime et divin paronyme – l'art d'aimer. Sur sa garde se tint de fait, de dix – quinze ans au moins, quand à la renverse tu nous fis basculer et faillis, ton sur ton, l'assise rouge de ton canapé maculer. Quand sur le reste tu ne faillis point.

Montdoyen. Complice de notre première fois, et cætera, qui aura épreint notre émoi jusqu'à la lie, jusqu'à l'étreinte, il va de soi, jusque-là, si, jusqu'à nous perdre dans un lacis de lycra, là où dans l'abandon se noient les gestes, les cris, les déceptions d'antan aussi – l'écho du lit qui nous prolonge, comme le vin sa caudalie. *Ainsi soit-il*[29]. Précisément la gamme que tu as choisie. Affirmée, telles vos deux personnalités qui se sont rencontrées. Un bail, n'est-il pas ? que vous vous côtoyez. Qu'ensemble vous festoyez. Vaille que vaille, à la moindre occasion, vous associez. Une amitié sans entaille. Durable et sincère. Laquelle, dans chacun des verres que tu nous sers, bat son plein. Et jamais rien qu'à moitié. Vin loyal et hospitalier ainsi le lien auquel il se réfère, qui vient année après année l'attester, et qui de ses contrées aux nôtres continue de le tisser : même éloignés, l'un charrie l'autre dans ce qui de vivre lui est donné, même lointain, Jean-Paul reste à travers cette cuvée l'hôte, Alain, de chaque parcelle de ton intimité. *Montdoyen*, toile de fond de votre histoire d'Hommes, du savoir et du bon vouloir la somme, « édifions ! » et « partageons ! » font la paire, le trait d'union entre deux âmes-frères.

De m'admettre au sérail tu ne tarderas point,
Alain, ni de m'enjoindre à faire place nette
Dans le chai commun – *Ainsi soit-il, État d'es-*
prit, Un point c'est tout[30] livrèrent bataille au reste.

---

[29] Nom d'une des cuvées du *Château Montdoyen.*
[30] Nom des cuvées du *Château Montdoyen.*

Et de porter à mes lèvres, depuis, *Montdoyen*,
Je n'ai eu de cesse, et avec lui la noblesse,
La finesse et l'allégresse qui s'en déversent.
Par son biais s'atteint de ce qui vous lie la sphère – Indivisible lien.

Moisson de cette relation que tu avais générée bien avant celle avec moi, la boisson fut donc de presque tous nos émois. Exception faite des vins auxquels à l'étranger – moraviens, italiens, marocains – nous avons notre palais confronté. Transgression qui nous permettait rien de moins que davantage l'exercer, et au *Montdoyen*, ensuite, d'y déployer la palette de ses subtilités. Tantôt vin canaille, copain de nos ripailles, du premier novembre où, chez toi, en l'honneur des membres défunts, en famille, bons vivants et aimants, l'on trinque… aux anniversaires en pagaille, dont le tiens que tu contestes, contre l'organisation duquel tu protestes, alors que pour celui d'autrui de dégainer le tire-bouchon tu t'empresses. Tantôt passe-muraille, vin pacificateur les heures où la vie nous tiraille, de ses coups durs nous mitraille, de doute nous assaille, quand l'un avec l'autre se chamaille : alors, une larme de *Montdoyen*, ni plus ni moins, contre chagrins et représailles nous arme, nous apaise, de la baisse d'entrain comble la faille. Tantôt et surtout compagnon de route, enfin, charpenté comme le sont les toits que Jean-Paul et toi garantissez à ceux qui pour un temps en ont besoin, jalon de nos joies et maux quotidiens, de nos projets décantés en commun, de nos rêves poussés à maturité, tant on y tint.

***

13 juillet 2020

Montdoyen trône sur notre nouvelle table de jardin, choisie pour l'occasion. Autour de laquelle nous célèbrent, nous aiment et nous le disent nos convives, quelques-uns de mes précieux amis réunis, désormais les tiens aussi. Caro Damien, Aline et Fred, leurs filles, Ange et Eddy, Sou et mon frère, toi-moi, et avec nous par la pensée,

Val et Benoît qui le jour J ont loupé et nous ont manqué. C'est soir de crémaillère. Son *brouillon* pour être exact. Car quinze moins deux amis font treize que multiplieront deux la prochaine fois. Après la répétition, la représentation « pour de vrai ». Ce que l'on s'est promis juré.

— Grâce à toi, j'ai redécouvert Alain ! s'était exclamé, à l'issue de notre premier repas commun, mon frondeur de copain Damien, qui depuis des lustres le PS a quitté, mais n'aime rien tant que de débattre à notre table désormais.

— Disons simplement que tu étais passé *à côté*, lui ai-je souri, ajoutant avec perfidie : comme peut-être à côté de notre Parti. Si tu as des regrets…

— Compte là-dessus et bois de l'eau, m'a-t-il entre deux gorgées de *Montdoyen* le plus sérieusement du monde opposé, avant d'ajouter : quand je vois ce que tu subis, je ne comprends même pas que tu puisses rester cartée !

— C'est à mes valeurs avec un grand V, davantage qu'au Parti, que je reste attachée, lui ai-je sobrement rétorqué.

***

26 juillet 2020

Maudit soit ce treize par deux multiplié.

***

31 juillet 2020

Maudit soit ce vendredi au treize inversé qui voit l'ordre des choses détourné et mon cœur retourné. *Montdoyen* couronne notre serment dernier. Celui d'éternellement t'aimer. La table prévue pour nos fiançailles s'est mue en un festin improvisé à l'issue de tes funérailles. Cet après-midi – là, ton vin ainsi mon chagrin à flot ne cessera de couler, et très fort, comme à toi, j'ai pensé qu'il ne faudrait jamais envisager le moindre instant de vie, qui plus est de félicité, tel un *brouillon*. Jamais.

« Jean-Paul, mets-moi ton meilleur vin, car bientôt nous recevrons les parents d'Hélène, et pour moi c'est important » : merci, cher Jean-Paul, de ces mots prononcés par Alain quelques jours avant sa fin, que vous m'avez livrés à titre posthume comme en temps opportun votre vin, énième expression, suprême, de son amour, dont je m'enivre au détour de chacune des bouteilles que vous m'envoyez, à moi désormais, passage de relais dont vous me voyez honorée, que j'ouvre et savoure toujours bien entourée, ça oui, par maintes amitiés, dignes de la vôtre à tous deux, accompagnée. Ils sont l'empreinte d'Alain par vous perpétuée, en épitaphe gravée sur mon cœur grave, fait épave, tant aimé.

Ainsi soit-il.

XVII
L'élan des liens

Mai 2018 – Fabrègues

« Ouah ! Que c'est beau ! Comme il vous regarde ! Il n'a d'yeux que pour vous ! Mais moi, plus tard, je veux être aimée comme vous l'êtes ! Oui, c'est vraiment ainsi qu'un jour, je veux qu'on m'aime à mon tour : comme Alain vous aime, Hélène. »

C'est vous qui êtes belle, Alicia… Allègre et éclatante Alicia… Belle de toute votre ressource, enthousiaste, laquelle, cette nuit-là, sur nous a surgi, rejailli telle une source, limpide, si lucide, d'où sourd la joie douce et vive, fraîche et franche à la fois. Une *aquabonne* claque qui vous laisse coi, vous saisit, vous secoue, autant qu'elle vous réjouit, ragaillardit, interpelle itou. Belle et spontanée, une éclaboussure de bonté, un courant d'évidence pure, un jusant d'amour en pleine figure. Ma conscience, je l'avoue, en a pris pour son grade à travers vous ; rebond de béguin qui, par ricochet, est r'tombé sur Alain.

En ce doux soir de mai, mat de Mantes, ton désir fou à lier personne ne trompe, ni mon émotion démente : Alicia au pays d'aimer veille, et sa déclaration, déjà, de notre Vérité grave la stèle.

Je vous écris *Merci*, Alicia V., de votre impression ainsi livrée, distinctement, brute et sans complexe, qui au pire les envieux vexe, au mieux les amoureux mous chahute. Merci d'avoir suivi le cours de votre émoi, lequel, en son sillon, charrie jusqu'à aujourd'hui, qu'Alain n'est plus là, comme jusqu'à moi, qui ai bu depuis la tasse du désarroi, la certitude et la fierté de ce que nous fûmes pour mât de fortune.

Sur la piste ouverte à l'occasion d'une autre idylle ici célébrée, celle de ton ex-femme, Ève, et de son Rem' adoré, je danse alors à perdre haleine, entourée d'une kyrielle de convives, nimbée, si j'en crois encore une fois l'expression ébahie d'admiration d'Alicia, du halo dédié de ton intérêt. Tu es bien calé au fond de ta chaise, délibérément campée au centre de la salle de bal, où se concentrent, outre ton attention, le lâcher-prise général qui au son des Rita Mitsouko et autres eighties se régale ; effectivement, ostentatoirement tu me fixes, la pupille avide, cramponnée aux contorsions de mon corps qui l'excite. Minuit a sonné. A Fabrègues, tu braves la fatigue, que la divagation de ton esprit, sinuant le long de mes formes, endigue, tandis qu'en diva, sous le joug de ton émulation, je me transforme : dessous mes pas enfiévrés, la propagation de l'onde d'émotion qui émane de toi.

Nous sommes à la fête de mariage de ton ex et de son nouveau mari : oui, c'est bien écrit. Car Alain, diable, le lien sait faire ! Le vingt-neuf mars en est même devenu une date anniversaire, entre Ève et moi, celle de notre première entrevue, dont il fut par vous convenu, un peu malgré moi – *Alain, enfin ! Nous sommes ensemble depuis à peine trois mois !* –, au nom de la préservation des tiens – *c'est important qu'elle te rencontre avant les enfants, tu comprends* –, au vu et au su de ce qui, déjà, dans ta famille se dit – *Alain a une nouvelle petite amie !* –, et parce qu'il faut bien satisfaire à l'indiscrétion des femmes, aussi…

***

29 mars 2018 – Fin d'après-midi – Lille

Créneau contraint, futé et opportun si c'en fut un. Pour malin que ce choix m'eût après coup paru, je n'ai jamais douté qu'il avait été mû par ton souci d'ajuster nos agendas, plus que par le vice d'un procédé alambiqué. Malintentionné qui moins est. De cela, la venue doublement justifiée de Ève m'aura très vite convaincue – nécessité de contrat et convenance personnelle à la fois. Surprenant autant que fabuleux hasard – fabuleux, j'en conviens désormais que, de statut de compagne brusquement esseulée, désarmée, je suis, en conclusion, au bout de cent vingt minutes, passée à celui de complice de ton ex-femme, ô combien comblée. Car il se trouve que, ce jeudi soir, le PS s'apprête à élire son nouveau patron et de nous a justement besoin. Enfin… De nous… De toi surtout. Qui de Stéphane Le Foll[31], malgré sa défection, te devais d'assurer la représentation, représenter la motion, ainsi que du vote la bonne tenue en ta section lilloise d'adhésion ; de mon côté, la frêle section où je militais et tant bien que mal me maintenais, n'escomptait de moi que l'assurance d'une voix, via le dépôt rapide de mon bulletin, aux fins de contenir un rien, un semblant d'existence, n'ayant que faire, à ce stade déjà bien maigrichonne, de l'importance des motions. Encore moins de mon avis sur la question.

Ainsi, le vingt-neuf mars, en fin de journée, Ève est-elle passée par *chez nous*, cet ancien chez vous qui n'était plus vraiment chez elle, ni tout à fait encore chez moi. Bras dessus, bras dessous votre divorce serein, vous avez rejoint l'amabilité qui était de mise, de l'hôtesse que je ne me sentais point : maladresse du verbe et du style, aux petits soins d'une risée dont je me serais presque rendue l'objet (à gauche toute, ma soirée en prenait doublement le chemin).

Quatre-vingt-dix jours, ma main dans ta main, ne pèseront rien, je le crains, à l'idée de vos années consolidées pied à pied, d'atouts tant et à tous crins. Quatre-vingt-dix jours : des noces de fusain, à vrai dire, fût-ce un tourbillon d'émotions qui nulle motion de censure ne souffrit ; une esquisse à la merci de l'estompe, de l'apprenti peintre dont il est toujours permis qu'il se trompe ; un dessin humble, quoiqu'aux traits intrépides, que confronte l'observation de maîtres aguerris, qui affronte la comparaison avec un modèle abouti.

---

[31] Ancien ministre de l'Agriculture et porte-parole du gouvernement de François Hollande.

— Un thé ? De l'eau ? Pétillante ou non ? (*quelle platitude, Hélène !)* J'ai apporté quelques pâtisseries aussi. Sans gluten ? Ah ! Mince… Alain ne m'avait pas dit…

Tandis que vous devisez opportunité de contrat et beaux-enfants-comment-vont, je déglutis mon infusion-incursion ratée, délicat breuvage noyé d'un trop-plein d'attention, happant au passage l'œillade attendrie lancée par notre invitée en guise de gilet de sauvetage.

Quand le couperet, d'un coup, qui mon naufrage a précipité, est tombé.

— Bon ! Je vais vous laisser, il faut que j'aille en section.

Pardon ? Nous laisser ? Quelle idée ! Tu plaisantes, là, Alain ?

— Mais enfin ! Alain ! balbutiai-je, scotchée et pas qu'à mon siège, nous avons jusqu'à vingt heures pour aller voter…

— Oui, mais je tiens à m'assurer du bon déroulé des opérations. Ça va aller, mon cœur adoré ? Tu as les clefs de la maison de toute façon ?

De la maison, oui ; de la situation, non !

— … Et nous serons mieux à deux pour discuter, s'empressa de rassurer Ève, avant que mon étonnement ne tourne à l'outrage.

Je n'en reviens pas mon entendement. L'arbitre d'un match décisif quittant le terrain, le coup d'envoi à peine sifflé, lui préférant un enjeu de seconde division – Olivier Faure restant seul en lice, le second tour était joué ; le commandant abandonnant navire et équipage, sans orientation, pour un petit détour d'horizon ; le voyageur pliant bagage, s'esquivant après son enregistrement, clouant avion au sol et bec aux estivants.

Voilà comment se noua la relation entre ton ex-femme et moi.

Remédiant à cet abandon insensé au mitan du gué, un pont vite entre ma dérive et son entregent fut jeté. Tiens bon la barre, matelot, à ses côtés brave les flots ! Sur quelle étagère, dans quel placard trouve-t-on le thé ? D'Alain tu n'es point la ménagère, à la bonne heure !, mais l'hôte du cœur et c'est tout aussi bien. Lâche donc l'affaire, laisse donc la faire, refonds l'essai, passe-lui la main, car même Soho le chat, qu'elle a élevé, la reconnaît, la prend au mot, te snobe toi, la joue gougeât. Du béton conjugal, des pans entiers au ravalement résisteront, à quoi bon vouloir s'en déprendre, s'ériger contre, s'armer rivale ? Adosse-toi aux parpaings apparents, agrèges-y ton blanc ciment, abrège ainsi le caractère mesquin des vaniteuses comparaisons.

Les femmes, entre elles, sont bavardes ? Pour la plupart, oui ; pour ma part, en confiance. Le rythme de croisière une fois atteint, de quoi fut-il entre nous question ? Rien de futile, rien que de très subtil, de très profond. L'hypersensibilité pour interaction ; le blanc-seing remis par toi, Alain, pour établir d'intermédiaires connexions. Au fil de la conversation, in itinere je me rends compte qu'en fait de talons tournés, c'est un plancher débarrassé que tu nous as là offert, laissant le champ libre à ce qu'une triangulaire n'eût guère permis de nous confier. Et ces conditions propices à l'intimité que tu sus créer (pour ne pas écrire *imposer*) accouchèrent de deux courtières en confidences, qui, en raison de toi, à haute fréquence bientôt se recontacteraient – un bienfait par moi admis que tu eus tôt fait de reprendre pour alibi, non sans une certaine ironie : « tu vois bien que j'ai eu raison de vous laisser tranquilles, toutes les deux, pour discuter ; Ève ne m'appelle même plus moi, elle ne passe désormais que par toi ! Tu me diras, ça me fait des vacances, ah ! ah ! » Alain et son incorrigible mauvaise foi…

De tes mille et douces manières de gentilhomme prévenant, de ton dosage aux extrêmes, alternant sans cesse entre délicatesse et excès, d'allégresse si pas d'empressement, de ton tact sans pareil, de tes actes enrobants, de ton verbe, sévère si nécessaire, constamment rassurant : de cela, principalement, il fut entre nous question ; de ce qui, quoique distant de quinze ans, avait immédiatement résonné en elle, comme résonnait en moi dorénavant ; d'un même Alain, comme d'un lien permanent.

Connivence établie quasi instinctivement, en finesse, pas que de babelle, ni de manière passagère : il s'avère que Ève est à l'adresse des liens ce que je me révélai être, à travers ce triangle relationnel, à leur enrichissement, ainsi que tu l'étais toi, Alain, à leur entretien. Si tant et si bien qu'à cette séquence première succédèrent appels, points d'étape, confidences régulières, parmi lesquelles les enfants, pour argument levier qu'ils eussent été, figurèrent bientôt au second plan, ce d'autant qu'ils préservaient leur propre lien avec toi, *Lainlain*, leur beau-père, un lien personnel, complice, indépendant. Et de coups de fil en aiguille, c'est à mon bras, l'humeur légère en bandoulière, qu'en mai, sincèrement, tu applaudis le nouvel engagement de ton ex-femme des deux mains, comme son mari et elle applaudirent notre cheminement bon train : ce n'est pas peu fière que Ève, en effet, leva son verre à l'intelligence de tels liens ; ce n'est pas peu dire que ton ex-belle-famille, saluant ta sveltesse retrouvée, comprit que ce changement d'*ère* te seyait également fort bien.

Ciel ! Que cette entrée en matière fut belle ! Ainsi que, jusqu'au couronnement de notre émoi par la verve d'Alicia, le reste des évènements.

***

Retour sur image à Fabrègues

Tandis qu'au loin s'entend battre le rappel des invités dont l'appétit se fait prier côté jardin, que le soleil tire sa révérence lie de vin aux dernières bouteilles de ce cocktail divin, s'étanche au petit bois voisin notre désir aux abois. Besoin d'air, d'intimité à la fois, avant le repas. Les sens étourdis par le vin et les essences qui nous entourent, vertiges de la Moure et de ses collines alentour, mon envie nous convie au hors-scène et à la découverte de ce règne séculaire. Parallèle à celle du tronc qui nous soutient, monte la sève à mes lèvres, que ton tact légendaire contient, réserve pour l'entracte prochain. La promesse de l'ivresse en retour.

Je veux être aimée comme vous l'êtes : il se narre, Alicia, que de la passion votre quête oratoire, ce soir-là, fut l'allusion.

XVIII
L'élan mélomane

Vendredi 27 juillet 2018 – Aulnoye-Aymeries

Nous nous sommes avancés vers la grande scène, masqués comme il se doit, comme le conçoit la tradition, de cette tête de félin emblème des *Nuits Secrètes*, à chaque fois revisitée à l'instar de la programmation. Immersion au poil : ainsi casqués, sans compter ta dégaine chaloupée et ta chemise à palmiers portée pour l'occasion, nous nous fondions à la perfection dans la masse des fans de ce festival, si singulier en soi, dont je te parle avec fièvre depuis des mois, une énième édition pour moi, une totale découverte pour toi. Dont l'originalité tient en particulier au pari fou, que d'aucuns bobos et/ou parigots auront pu croire au départ insensé, à la foi et à l'ambition surtout, d'un maire pour son territoire engagé, Bernard Baudoux, qui n'aspirait à rien tant qu'à faire résonner le Sambre-Avesnois autrement qu'à l'aune du sous-emploi, en le nivelant culturellement par le haut et en honorant sa jeunesse comme il le faut. Un enfant du pays à la direction artistique du projet, Olivier Connan, pour orchestrer de façon innovante la partition, et le tour était joué : jusqu'aux confins des Flandres et de la Normandie, le renom du festival aulnésien serait admis.

Trombines masquées, ou disons-le clairement : camouflage élaboré, loin d'être impromptu, carrément délibéré. Non pas qu'il se fût agi de préserver à ce point notre intimité – quoique, quelques huiles que nous connaissions et appréciions bien, tel un Benjamin, s'entr'apercevaient dans le coin –, mais simplement partant du postulat que je défendais ardemment, pour l'avoir expérimenté du temps de mon exaltante collaboration auprès de Catherine Génisson, alors Vice-présidente

Culture de l'ex-Région Nord-Pas-de-Calais : qu'un spectacle s'éprouve et se savoure plus authentiquement incognito, en citoyen lambda, plutôt qu'au beau milieu des partis pris d'avant-première, ou d'un parterre de personnalités qui auraient bien vite ton intérêt vers d'autres préoccupations détourné – parce qu'un bon politique ne perd jamais de vue le dossier d'après. Le gratin, tu en avais soupé, certes bien volontiers, et de pouvoir enfin laisser vagabonder ton esprit par monts et merveilles culturelles, tu avais dès le début de notre relation exprimé le besoin. Pour ainsi rattraper, de ton aveu même, un certain retard en la matière « parce que dans la vie on ne peut pas tout faire quand on veut faire carrière ».

En cette fin d'après-midi *caliente* donc, nous patientons sur le côté, à l'ombre, à deux – trois mètres à peine de qui s'apprête à chanter et dans quelques mois la France entière enchanter. Premiers festivaliers arrivés qui se comptent seulement par dizaines pour commencer, fin prêts eux aussi à ambiancer ce week-end musical, dont la montée en puissance n'a d'égale que le baromètre de notoriété des artistes invités, sur lequel, naturellement, pas à pas, elle se cale. Nous-mêmes sommes venus spécialement pour Juliette Armanet quand d'autres générations nous rejoindront en seconde partie de soirée pour se déchaîner sur Jane et se tasser en plus grand nombre encore devant le final d'Orelsan. À chaque âge son option, mais tous à la croisée des *Parcours secrets* se retrouveront, ces déambulations artistiques à tâtons savamment tressées, qui vers des sensations nouvelles nous mènent. Nombreux ou pas, quoi qu'il en soit, c'est une véritable grenade qui en amont des festivités ce soir-là est lancée : Clara Luciani. Une pépite à peine révélée au grand public qui viendra l'année d'après *les Victoires de la musique* de la sienne, la sainte, dynamiter. *Sainte – Victoire*[32] que ce titre prédestinait. « Elle est vraiment bien, cette fille » nous sommes-nous de concert enthousiasmés, et quelques jours plus tard sur l'acquisition de son album accordés. Dont tu as passé l'intégralité des textes en revue. Tout comme ceux d'Armanet, toi que sa voix suave et au piano son doux doigté avaient ému (tandis que les bonds et rebonds

[32] Premier album studio de la chanteuse Clara Luciani sorti le 6 avril 2018.

de Jane par-dessus la foule surexcitée, davantage rebuté !) Car, de la même façon que tu maîtrises littéralement, parfaitement, voire comme personne si ce n'est ton fils, le répertoire de Brassens, tu cherches également à t'imprégner des textes, sens et contextes des œuvres qu'ensemble nous repérons ou que l'un de nous se prend au jeu de faire connaître à l'autre. Toi et ta manie de ne jamais rien entreprendre à moitié, « Alain n'a pas de juste milieu » ta mère, paraît-il, disait, toujours à fond tout explorer ; trait de caractère que Bernard Derosier, ancien député et ex-président du Conseil général du Nord, aura le bon goût, à l'occasion funeste de l'hommage qui, en conseil fédéral, par ses soins te sera rendu, de restituer en ces termes : « je suis sûr que si la vie lui en avait laissé le temps, il serait devenu un expert [en arts et culture, N.D.L.R.] comme il l'était pour le logement. »

C'est ainsi que tu m'avais donné à réentendre d'une oreille plus affûtée *La chanson d'Azima*, interprétée par France Gall, composée par Michel Berger, écrite par Jean-Louis Murat. Titre que tu avais choisi en filigrane de l'une de tes campagnes, davantage connu pour son premier vers *Quand le désert avance*, vers qui devenait éminemment symbolique au su et au vu de l'actualité politique d'alors, m'as-tu expliqué, quand le FN se mettait offensivement à progresser et que certaines valeurs, elles, se mettaient à déserter. Toi qui, jusqu'au bout encore une fois, en ces belles valeurs garderais foi, tu me le rechanterais souvent de vive voix : *C'est notre décadence... Dis-leur quelle est leur chance Et qu'ils ne la voient pas Et qu'on meurt d'impuissance, Mais qu'on garde la foi.*[33] Tout comme inlassablement, à en retrouver ta chaîne hi-fi blasée, tu me repassais ce CD de Hervé Christiani auquel tu tenais tant, *Il est libre Max,* dans lequel tu te reconnaissais en tous points. Sorti en quatre-vingt-un. Tiens tiens ! L'année Mitterrand. Ce même titre que tu avais absolument tenu à diffuser, m'avais-tu au passage relaté, en amont d'une réunion de groupe socialiste qu'à la CUDL[34] tu ouvrais, en

[33] Titre *La Chanson d'Azima*, artiste-interprète : France Gall, compositeur : Michel Berger, Paroles de Jean-Louis Murat, Album *Babacar,* Date de sortie : 1987.
[34] Communauté Urbaine de Lille devenue en 2015 Métropole Européenne de Lille.

hommage à ton *maître* [35] Pierre Mauroy tout juste disparu, à ce qu'il t'avait inspiré. Hommage avant sa fin interrompu, par une main retardataire qui, contestataire, sur la poignée brutalement s'est abattue.

Si, en près de trois ans, trente-deux-mois pour être exact, main dans la main, nous en avons contemplé, et pas qu'un peu, des expositions ; si, nos regards plongés dans la même direction, nous en avons éclusé, des projections sur grand écran lillois ; si, nichés l'un contre l'autre au salon, bouton pause à la mi-temps, le temps de nous reverser un ballon de ton *Montdoyen*, excellent, nous en avons savouré des coffrets ciné – d'Almodovar qui l'esprit t'avait embué, à Woody Allen qui, entre *Hannah et ses sœurs*, t'a fait tordre de rire sur canapé, « tu peux nous remettre sa réplique en arrière, mon ange, s'il te plaît ! », en repassant par Claude Sautet, voir si chez Rosalie César y était, sans omettre la série *Baron noir* qui t'avait captivé autant qu'exaspéré, « cette façon outrancière qu'ils ont de grossir les traits et qui notre cause dessert ! »... – la musique demeurait néanmoins ton Art Majeur à toi. Au diapason que nous restions toutefois quant au fait que l'art dans toutes ses composantes constituait l'acrotère certain (Dame Politique mise à part) de notre liberté d'expression.

Liberté chérie que tu as adulée, à en rayer ton CD de Calogero, que tu as revendiquée au point de l'opposer en pied de nez au destin en tirant ta révérence, ton cercueil traversant la nef sur l'air d'*Il est libre Max* qui t'allait décidément si bien, emportant avec toi outre-tombe ces mêmes qualités que la chanson dépeint – l'écoute d'autrui, la sérénité, la modestie, l'aptitude à rêver. Depuis que tu es parti chanter ailleurs la belle épopée (et quelle époque !) que fut ta vie, à mon tour, comme toi qui les invoquais et me les évoquais, j'ai appris à écouter *les habitants de mon cœur*[36], à leur parler de toi, souvent, aussi... Toi, le militant de mon cœur.

---

[35] *En politique, il faut savoir parfois comprendre et agir vite. Pierre Mauroy m'a appris beaucoup de choses dont celle-là, mais bien d'autres encore. Mon maître en politique, maître dans le sens des instits de la IIIe république : j'essaie encore aujourd'hui d'être bon élève. Lettres à Hélène*, Alain C.

[36] Extrait de la chanson *Il est libre Max*.

Et en fond sonore de mon intériorité depuis ta mort comme jamais cultivée, j'ai entendu un jour Clara Luciani soutenir qu'*il faudra réapprendre à boire, à vivre, à respirer encore*[37]… Toi-même, Alain, tu me le dirais, pour me l'avoir maintes fois en ces termes répété : « elle est pas belle, la vie ? », qu'au-delà de toi, de ton décès, *il faut que ça transpire encore*[38], l'envie, l'amour, la vie.

***

12 mai 2020

La France, déconfinée, resourit à la vie. Délivrance. Ternie par l'adieu à Piccoli.

— Dis, mon ange, ramène ton film, avec Schneider…

— *Les Choses de la vie*[39] ? On l'a vu cet hiver !

— Oui, mais je voudrais repasser certaines scènes ; l'accident, notamment, ça file tell'ment vite !

— Tiens ! Au fait : tu la connais, *La Chanson d'Hélène* ?

Je regarde le soir
Tomber dans les miroirs
C'est ma vie
[…]
L'histoire n'est plus à suivre
Et j'ai fermé le livre
Le soleil n'y entrera plus
Tu ne m'aimes plus[40]

L'amour, la vie, ces choses… ça file tell'ment vite…

À qui l'as-tu dit !

---

[37] Extrait de la chanson *Respire encore*, composée et interprétée par Clara Luciani, cocomposée par Ambroise Willaume, album *Cœur* sorti en 2021.

[38] Ibidem.

[39] Drame réalisé par Claude Sautet en 1970, adapté du roman éponyme de Paul Guimard, avec Romy Schneider et Michel Piccoli.

[40] *La Chanson d'Hélène* interprétée par Romy Schneider et Michel Piccoli, paroles de Jean-Loup Dabadie, musique de Philippe Sarde.

XIX
L'élan fraternel

Août 2018 – La Rochelle

« Alors c'est elle, Hélène ! Tu nous la montres enfin, Alain ! Viens donc ici, que j'embrasse celle qui rend mon frère si heureux et équilibré ! »

Je n'oublierai jamais. Cet élan du verbe guilleret, aussi spontanément que généreusement énoncé, comme la manière dont vers moi ton frère s'est élancé : les bras grands ouverts, bombant l'échine comme pour mieux se précipiter, les yeux ronds et gourmands logés derrière de petits verres frétillants d'impatience, heureusement bien vissés sur le nez, des yeux ronds et enrobants qui m'ont immédiatement tout dit de l'homme bon s'empressant de venir à ma rencontre ; à son pas vif et sautillant, d'emblée moi-même j'en ai franchi un, celui de répondre en confiance, avec pareil entrain, et de mon sourire le plus solaire, en pleine nuit, sans non plus me réfréner, l'ai étreint. De toute évidence, René en sa longère rongeait depuis des heures son frein.

Mon train, certes, soumis à forte affluence autant qu'à l'influence des degrés le rail dilaté, s'était fait attendre. Mais ton désir à toi, Alain, lui, point. À peine descendue sur le quai, où tu es venu me quérir et, goulûment, mes lèvres cueillir – dix jours que, de Lille à la Charente, l'un de l'autre nous nous tenions éloignés, l'un à l'autre nous nous étions manqué –, que les charmants quais du Vieux-Port tu m'as fait dans la foulée arpenter. Peu t'importait alors qu'il fût tard, que le temps, puisqu'en vacances, ne nous fût pas compté, il te tardait à toi, dès le premier soir, de tout me montrer. Et en tête-à-tête, d'abord, d'avec moi dîner.

Viens donc ici, que j'embrasse celle qui rend mon frère si heureux et équilibré ! : maintes fois je me suis repassé cette entrée en scène comme en matière, de ton frère accourant enjoué, m'assaillant de sa bonté, le cœur sur la main, qu'il m'a, dans la pénombre, semblé haut brandir, comme pour me bénir, et le mien qui, ce faisant, atteint en son plein, de se sentir contenté, comblé par cet adoubement improvisé reçu en ta sphère privée, fier aussi, je dois bien l'avouer, de ce blanc-seing offert, de voir ainsi notre lien d'emblée érigé au rang du sacré, de la respectabilité, sans que besoin soit de l'exacerber, de chercher à le prouver, à l'authentifier. Ainsi donc, Alain, mon irruption dans ta vie t'aurait fait le plus grand bien, parole de frangin…

Quand soudain, de derrière le maître de céans fait menhir tant son sens de l'hospitalité jointe à sa fraternité firent bloc au moment de nous accueillir, nous la vîmes surgir, la tête la première, l'œil aux aguets : Rosemarie, la conjointe de ton frère, à vrai dire, la véritable tenancière de ces lieux. Bien mal avisé, en effet, qui aurait été tenté de traîner dans son antre, de fricoter avec sa cuisinière ! J'ai vite compris que je n'aurais rien à y faire : *allons bon ! Éplucher ainsi des pommes de terre ! Les assaisonner à la légère ! En voilà des façons ! Alain, emmène-la donc visiter la région !* Ce que nous avons fait. Partir tous les deux, rien qu'à deux, pour la journée. Moins pour me prémunir d'éventuels sermons culinaires – leçons, du reste, amplement méritées –, que pour la préserver, elle, d'une charge supplémentaire, la ménager. Doser notre présence. Relever le quotidien de nos hôtes d'un zest de divertissement, point trop n'en faut. Laisser reposer entre temps. Puis savourer ensemble le dîner qui vient à point nommé tous quatre nous ragaillardir. Car, si passé un âge certain, la santé peut faillir, la mémoire des liens n'est jamais en reste, se narre d'autant plus abondamment que l'appétit des convives allant crescendo la ravive : des souvenirs de Rosemarie et René nous nous sommes régalés, de celui très précis de leur rencontre, bien évidemment, je me suis délectée, de leurs récits d'enseignants investis nous nous sommes copieusement resservis, resservis nos verres et nos assiettes, d'anecdotes familiales pimentées, dont nous n'avons pas perdu une miette. De très bon cœur, soirée après soirée, nous avons ri ; et le mien une fois de plus s'est attendri quand ton œil contrarié, Alain, sur la main de ton frère s'est posé, prête à me proposer une dernière de ses liqueurs dont mon sens aigu de la civilité savait se montrer amateur. Mais l'aîné sur le petit dernier de la fratrie que tu étais, une fois n'est pas coutume, a pris le dessus : sur ton froncement inquisiteur, gentiment René s'est assis et, portant un toast assuré, tous deux t'avons souri et à ta santé avons bu.

L'heure tardive de mon arrivée, cette nuit-là, de son énergie ni de son aplomb n'aura pas plus eu raison : bien que déjà couchée, Rosemarie s'est relevée pour venir me saluer, me dire d'entrer et, en passant, à tous deux nous signifier que, *tout de même, on s'était fait attendre, en voilà des façons...* Restés quelques mètres en arrière, frangins comme cochons, échange de regards coquins contre bourrades de boute-en-train, René et toi avez pouffé et sur l'incorrigible curiosité des femmes plaisanté.

— Rosemarie n'a pas résisté à l'envie de te voir, mon cœur adoré, voir à quoi tu pouvais bien ressembler : c'est pour cela qu'elle s'est relevée !

Sur ces mots tout sourire, ponctués d'un doux baiser sur mon front, au fin fond de la longère, Alain, tu m'as menée. Enveloppés de l'atmosphère douce-heureuse qui y régnait, nous nous sommes allongés, serrés l'un contre l'autre dans le petit lit douillet, corps alignés perpendiculaires à la faîtière, ramassés contre le muret, blottis dans la tendre moiteur de nos chairs tendues vers la fraîcheur des pierres.

Une nuit d'été étoilée, si particulière, au bon goût d'authenticité : quand j'y songe, flotte immédiatement dans l'air son parfum délicatement suranné, âprement regretté.

Et maintenant que j'y resonge, Alain, cet été passé à La Rochelle eût pu être, eût dû être même, pour nous socialistes, l'occasion d'une université conjointe, d'une rentrée politique partagée ; c'eût alors été pour moi, *simple* élue d'opposition, une première, pour toi, *l'éléphant* de naguère, un plaisir dédoublé que de m'y emmener. En effet, depuis mille-neuf-cent-quatre-vingt-quinze que je tracte, sympathise et milite, je n'y ai jamais mis les pieds, la section ne m'y a jamais encouragée, ni ne serait-ce que sensibilisée, encore moins m'aurait-elle cooptée, *allons donc la p'tite* (ou *la belle*, c'est selon, mais c'est tout aussi condescendant et con), *nous n'avons rien à y faire, le national ce n'sont pas nos affaires*, qu'ils me répondront, tandis que toi tu y figures parmi les habitués, les incontournables, les légitimes, les personnalités. Tels que nous nous connaissons, La Rochelle aurait pu, aurait dû se faire converger le temps de nos distractions estivales avec nos préoccupations primordiales. Eh bien, non ! L'été deux mille dix-huit, ainsi que le précédent, sera un été sans. Sans militants. Avec une participation infime et sans conviction. Sans même notre ancien président, parti dédicacer ses *leçons*[41] en des contrées plus éloignées, éloignées du pouvoir, du Parti comme de nos internes frictions. Car La Rochelle, cet été-là, n'a quant à elle vraiment rien de fraternel. Seule gronde la fronde. Une université que l'on nous a rapportée sans passion. Rassemblant une fraction d'élus invités à parfaire leurs pratiques au détour d'ateliers thématiques. Exit le grand raout du mois d'août. Notre Parti semble out. Groggy par le bilan tout juste tiré du dernier quinquennat, sonné par ses effets secondaires immédiats – entre autres, divisé par dix le nombre de députés socialistes.

Vingt-deux ans que cette université mythique se tenait. Vingt-deux ans que je passe à côté. Et là que trois bonnes raisons m'incitent à y aller – mon mandat d'élue locale, ton compagnonnage d'élu expérimenté, nos congés d'été –, voici ce rendez-vous désincarné. On a beau dire, on a beau faire, quand ça ne veut pas… D'ailleurs, dès lors, plus jamais notre université à La Rochelle ne se tiendra ; c'est Blois qui désormais l'accueillera. Blois où, justement, toi et moi

---

[41] *Les Leçons du pouvoir* de François Hollande publié le 11 avril 2018 aux éditions Stock.

prévoyions de nous rendre en deux mille vingt, quand ton décès, à quelques jours près, brutalement survint. Oui, décidément, quand ça ne veut point, ça ne veut point. Point.

Cette Gauche d'après que tu n'éprouveras pas, j'ignore encore à ce stade ce qu'il en adviendra. De notre premier été au dernier, comme d'un cimetière, celui des *éléphants*, à l'autre, ta propre mort, je suis passée : ironie du sort, vue de l'esprit ou message sibyllin, je ne peux m'empêcher d'entrevoir la métaphore en ta fin.

Ainsi, cet été-là, notre premier été, il n'y eut pas d'amarrage à l'université, vain souhait, mais les marais poitevins pour nous égayer, qu'en barque nous avons sillonnés. Nonchalamment. Paisiblement. Sereinement.

Viens donc ici, que j'embrasse celle qui rend mon frère si heureux et équilibré ! Puissiez-vous, cher René, avoir dit vrai…

XX
L'élan du fiel

Noël 2018

« … C'est comme les putes qui prennent des vieux : c'est moins endurant et ça paie bien ! »

Je pose ce propos, restitué en son style proprement dit, ici, mon Amour, qui par chance, au moment où il fut éructé, ne l'as pas entendu. Et pour cause : l'élégante chose ne t'a nullement indisposé puisqu'à ton oreille s'est dérobée. Délit de fugue auditive ; acouphène espiègle qui, bien avisé, la p'tite minute ordurière est venu parasiter ; prise de conscience en mode débranché ; bouton pause opportunément enclenché lorsque, par cette rosse arrosé, le toast porté à nos invités de gêne s'est empourpré et que de ma belle nature le morose s'est emparé.

Je le dépose ici et ainsi, cru, sans détour ni un cri, entre guillemets, au plus proche de sa violente férocité que j'ai eu à endosser à ton insu, que je t'ai tue, par décence, pour nous épargner un esclandre malvenu ; flatulence qui tous indispose, plus encore si l'on pointe qui l'on suppose ; bouse vile ; fiente acide ; prose gisant au pied des rimes nourries, elles, d'amour, de ce manuscrit. Tel quel et en paix je le repose, tel qu'il me fut asséné, obscène ainsi que je l'ai reçu, ainsi qu'il a sévi, juste ciel ! du fiel, cruel, propos salé bien placé entre les verrines que j'ai mis grand soin à élaborer et ai continué, paraissant impassible, de proposer ; propos étalé sans ambages, dépourvu d'emballage, servi tel que je vous l'écris, dans sa crudité nue.

Trêve de Noël. La dinde dont j'ai l'air, bardée de tes clins d'œil qui la couvent de tendresse, ne saurait prendre ombrage de si piètre marron lancé au visage. Ni ma charité en sauvegarde s'en prendre à ce qui t'est cher. Chut ! Mansuétude attitude adoptée pour parachute. Notre différence d'âge, il est vrai, peut choquer. Induire la méprise qui plus est. Conduire en conséquence au mépris insensé.

Tenu légèrement à l'écart des joyeuses réparties qui fusent, comme généralement ces jours-là, à l'envi, de ce tohu-bohu en famille tu te réjouis, le regard tout ouïe, tentant de deviner sur les lèvres qui festoient ce qu'il se dit, t'en amuses, parfaitement sourd à la perfidie qui, furtivement, la conversation brusquement ponctue, qui ma bonne humeur définitivement a rompue. *C'est comme…* Simple analogie. Glissée semblant de rien. Entre la poire et Belle Hélène qui dessert. Ambiance légère flanquée par terre. À même le caniveau. Comparaison n'est pas raison. N'en point faire trop de cas. Niveau zéro. Anale orgie d'un esprit vilain, ni plus ni moins, pas très original. *Allons, Hélène, dis-toi bien que ce n'est rien... Allons, mon pauvre cœur, allons, mon vieux complice... Sème de fleurs les bords béants du précipice*[42]…

Autour de la table, quelques silences alliés m'ont signifié leur solidarité indignée, par la digue de leur attention soutenue ont contenu la vague de détresse toute prête à me submerger, alertés par la pâle érubescence sur mes joues naufragée, paniqués à la vue de mon verre vacillant, frêle esquif supportant ma fierté ravalée. Aujourd'hui encore, deux années après, ils ont leur marque de confiance réitérée. Je leur en sais gré.

Ce n'est que bien plus tard que, sur cet écart de langage, je t'ai pris à partie. En aparté (question d'honneur !), je t'ai confié ma lésion au cœur, sur les intentions duquel le poignard des conclusions hâtives s'était trompé, au mépris de la teneur effective de notre union ; laquelle il aurait convenu d'observer, sur le long terme, qui raison nous a donné. Interdit tu es d'abord demeuré. Puis tu as réagi, atterré.

[42] *Nevermore*, Paul Verlaine.

« Intolérable ! » t'es-tu écrié. Tes grands dieux tu as jurés. Promis : jamais pareille injure tu n'aurais permis… si d'aventure tu t'en étais aperçu. Inutile, Alain, de m'assurer a posteriori de ton soutien, puisque c'est nantie de son acquis certain que, délibérément, à la provocation je n'ai pas répondu.

Le fond, dit-on, que rejoint la forme, s'en trouve rehaussé : ces deux-trois pages sont donc bien assez. Pas davantage ne s'écriront, en récriminations ne s'attarderont. Suffit sur ce chapitre une digression. Rien qu'un bécarre pour réparer une fâcheuse altération. Parce qu'au fond, il est vain de vouloir écrire que les métaux, vilains, toujours sont restés au couloir, que seuls le bon-le bien-le beau ont été admis dans notre relation ; ce que ta fin, de toute façon, tel le miroir sans tain, donne en vérité à voir : notre lien mis à nu, un lien pur, sans contrefaçon. Simplement, comme au tamis l'on passe le bon grain qui de l'ivraie le débarrasse, j'éprouvais le besoin d'épurer notre histoire de cette crasse : que par l'écumoire du verbe s'en efface la trace, que le fiel se déverse en miel par le filtre de mes mots et de leur doux son, à défaut d'en avoir reçus en pardon. Double leçon.

***

Noël 2020

C'est à une autre table, au demeurant fort aimable, que, cette fois, sans toi puisque défunt, mais avec toi puisque tu demeures le lien, nous réveillonnons. Là encore, remarquable leçon d'une relation nourrie qui ne ment point : la mère du digne fils qu'elle t'a donné, lequel transpire par tous les pores ton intelligence, te surpasse même en éloquence, m'a conviée. Votre divorce, l'année de ma naissance, sans doute une simple coïncidence… est consommé ; mais de continuer de t'évoquer, ta légende alimenter, à mon instar, ta première femme n'est nullement lasse. Jamais un lien qui fut vrai, fût-il distendu par les ans, vraiment ne trépasse, et votre histoire à tous deux, comme celle avec Ève, a voix au chapitre, au cœur de mon récit trouve donc toute sa place. Ce d'autant que, tel un bel ouvrage, votre page de vie à la nôtre est reliée : séparés précisément l'année où je suis née, comme jamais en deux mille vingt vous vous êtes retrouvés, à échanger durant le confinement vos bouquins, dont les miens, ceux que je t'avais conseillés. Le dernier que tu lui aies prêté ? *Lettres à Anne* de François Mitterrand, tu penses bien ! ton préféré. Qu'elle venait justement de te restituer quand tu es décédé. Qui entre mes mains navrées a échoué. Et dont, lors de tes funérailles, je t'ai déclamé, ainsi mon amour, cet extrait :

Tout est grave dans mon cœur
Tout se grave dans mon cœur
Tu m'apprends la beauté
Des choses indicibles
Tu m'apprends que la grâce
Existe
Comment vivre en sachant ces merveilles ?
Simplement parce que
Tu as fermé tes bras
Un monde que j'espérais
S'est ouvert devant moi
Le bonheur
Porte un nom
Le même peut-être que celui du chagrin
Mais bonheur ou chagrin je l'aime
Anne.

Et de la première à la dernière femme, la boucle fut bouclée.

XXI
L'élan du ciel

Mars 2019 – Quelque part où je ne reviendrai pas sans toi

« Je ne partirai pas sans elle, vous m'entendez ? Je ne partirai pas sans elle ! »

Ce qui s'appelle le cri du cœur. La voix de ton effroi. L'accent rebelle de ta frayeur lorsque, cet après-midi-là, heure locale, l'avion faillit décoller et toi défaillir sans moi, me délaisser dans ce pays dont nous ne maîtrisions ni la langue, ni les conventions ; délaissée, soumise et terrorisée, au bon désir de preneurs d'otages autorisés, jouisseurs abusifs de l'once de pouvoir qui à l'extrême limite du territoire subsiste, à la frange de son exercice, livrant querelle aux touristes de passage et en partance que nous étions.

L'intégralité du séjour comme le trajet retour, jusqu'à la station terminale, s'étaient pourtant déroulés sans encombre. Quand vers mon baluchon cabine, au moment précis où d'embarquer vint mon tour, leur cerbère à la détermination acérée s'est rué. Sombre est déjà la mine affichée au naturel par ces sentinelles en faction, rompues à tous les excès, d'intimidation comme de zèle ; quelques aboiements et, en une fraction de seconde, davantage encore s'obscurcit-elle, en miroir de celle, effarée, de l'âne de vacancier à leur merci, qui au jeu de la mule peut-être involontairement s'est fait prendre. Ombrageux devient au même moment ton visage ; s'y dessinent à l'horizon les ennuis que ton bon sens, illico, devine, considérant l'acharnement de ces crocs qui mon bardas de nylon lacèrent, tandis que progressivement le cordon sécuritaire m'enserre et à ce que le soupçon commande obtempère, comme si des escrocs, des malfrats j'étais la dernière. Ton air et le mien en réverbère se sont rembrunis. Pardi ! Exit le paradis. L'atmosphère sur la fin de nos vacances s'est appesantie. Situation sans issue. Direction l'inquisition.

Vacances… Ô combien de circonstance bien plutôt que de convenance. Alitée en septembre durant quatre semaines, aux prises avec une infection bactérienne d'ordinaire infantile, dont, vacciné(e), hors d'atteinte à mon âge on se croirait volontiers, je continue durant l'hiver à m'époumoner, fatigue et peine à sortir indemne de cet enfer. Assistance respiratoire et traitement de jument n'y font rien ; ton médecin, devenu le mien, préconise l'arrêt des hostilités – cessation immédiate de mes innombrables activités – et de consentir à une période de convalescence en urgence. D'ajouter même : « Alain, je compte sur vous pour lui ficher la paix, stopper les réunions d'après-travail et si possible d'aller fumer plus loin ! » D'un absolu repos bien au chaud j'ai besoin. Sans compter le principalat que je prétends présenter au printemps prochain – résultat couru d'avance si je m'y rends dans cet état.

La destination, quand on nous connaît, ne saurait être improvisée ou choisie à l'emporte-pièce. Dans ce pays auquel nous songeons, patiente une de nos connaissances, mariée depuis un an à un ami qui, autant qu'amoureux, éperdument se bat face à l'administration : quoique volontaire et déterminée, sa lointaine conquête ne parvient pas à obtenir satisfaction pour venir ici, le retrouver. Là-bas, des autorités régissent et sont prêtes à sacrifier le destin de leurs congénères sur l'autel de la précarité, comme un auvergnat qui par fierté, même au pic de la famine, ne vendrait pas ses terres.

De la même façon que tu avais solidairement mis à profit ton second mandat de parlementaire pour apporter – autant que faire se peut en prison – réconfort, soutien et considération à Florence Cassez, tu m'invitas à joindre l'utile à l'aimable, mon impératif sanitaire à un certain engagement moral. Faire de cette occasion un déplacement doublement opportun, certes de portée plus humble, mais à la motivation non moins valable : donner caution amicale à cette autre jeune femme. Ainsi, convalescence et bonne conscience épouseraient une cause conjointe, dans l'attente que les conjoints eux-mêmes obtinssent gain de cause et puissent, autrement que virtuellement, s'embrasser.

À écrire sur les justifications de notre périple outre-Atlantique, je concède fort bien le caractère excessif, voire extravagant, de telle comparaison. Ce qui, par contre, ne comporta rien d'excessif, fut l'épouvante qui s'empara de chacun d'entre nous, notre sidération, quand nous comprîmes d'instinct qu'à l'intérieur de mon baluchon, plausiblement, s'était tapie quelque matière blanche à mon insu, matière pour sûr à incarcération. En un tournemain, ils me dépossédèrent de l'ensemble de mes affaires comme de mes moyens, nous séparèrent et m'embarquèrent, la tête en vrac et dans la direction inverse du tarmac.

Comment, à l'annonce de l'envol imminent, tu bondis de ton siège vers l'avant de l'appareil ; comment tu fis irruption, en des termes bienséants, mais aux intonations non moins volcaniques, dans le cockpit ; comment tu brandis, furibond, le sacro-saint principe de l'adéquation qui se doit d'être garantie entre le nombre de valises enregistrées et de passagers déclarés, effectivement embarqués – cette règle infaillible que tu tenais de Maître Franck Berton, lequel, en d'autres et plus désopilantes circonstances liées à ton fils, t'avait déjà conseillé : « il suffit que je descende pour que vous ne puissiez pas décoller, sauf à vider votre pleine soute pour mon sac en extirper ! » ; comment, cramponné à cette revendication, comme au bâton d'une bannière la dernière des manifestations pourfend d'une loi sa promulgation, tu te postas devant l'une des issues du charter, assujettissant au secours de ton amour un parterre de mécontents, devant tel aplomb éberlués ceci étant – certes, l'enregistrement s'était fait à ton nom, non associé au mien, mais de redescendre immédiatement la passerelle, le pouvoir restait entier en ta possession.

De tout cet étalage de ton attachement, brave, impressionnant à voir, quoique pour le reste de l'équipage *atta-super-chiant*[43], les hôtesses de l'air, lors du final réussi de mon embarquement, m'ont fait le récit ; d'un énième signe de ton affection m'ont rendue dépositaire, des insignes de ta passion ont accueilli et fêté la récipiendaire (un restant de ma *coqueluche*, je présume !).

« Il suffit que je descende pour que vous ne puissiez plus vous envoler ! Le temps de vider la soute à bagages et d'en extirper mon sac de voyage… Vous auriez plus vite fait de vous enquérir du sort de ma compagne ! »

Le message, effectivement, avait été clair : à demeurer assis sur leur arrière-train, à ne pas déployer de réaction solidaire face à si lâche situation, à ce train-là d'indifférence passagère, de train d'atterrissage il n'y aurait point non plus de déploiement.

Durant ce temps… Détenue, les mains nues, assise sur un banc, mais pas que cinq minutes et pas avec toi, pour un je-ne-sais-quoi que je n'ai pas commis, je figure aussi blême qu'européenne parmi une dizaine d'indigènes détendus ; car ils savent, eux, que si d'un délit on les blâme, c'est simplement celui de quitter le pays, et que seul leur faciès les trahit. « Don't worry ! You'll get it ! »[44], me répète l'un d'eux, se voulant rassurant, gentil, à mesure que mon sang-froid déguerp-*it*. Mais je sais bien qu'ici, en présence de came, le flegme ne rime à rien, avec calme encore moins. Ce d'autant que, si je subodore le tort qui peut m'être injustement reproché, j'ignore où tu es, ce que tu fais, comment te joindre. L'abattement confinant à la déraison, je crains ton abandon. Quand soudain : stupeur ! tremblement ! Point d'Amélie Nothomb pour distraction, bien que la péripétie fût proche du décor de *Cosmétique de l'ennemi*, mais *À L'ombre de ma vie* pour comparaison par anticipation : à brûle-pourpoint me revient ce titre de bouquin que justement Florence Cassez avait écrit. D'un destin à

---

[43] Expression que m'a inspirée la plus théâtrale de tes nièces qui, dans l'hommage qu'elle t'a rendu, a évoqué ton côté « *atta-chiant* ».

[44] « Ne vous en faites pas, vous l'aurez votre avion ».

l'autre. Plus rien d'anodin. Ce nom, il n'y a pas si longtemps, dans notre bouche… De l'inspiration de notre périple à une possible détention, la boucle en mon esprit, par la peur panique éreinté, est en train de se former.

Pas moins de deux heures se sont écoulées. Un sang d'encre respectivement nous nous sommes fait. Mon corps innocent au scanner est passé ; quant au baluchon, ils n'y ont rien trouvé. Passeport de nouveau en main, rabrouée par leur indélicatesse en chemin, toute compassion muselée par leur inflexible fermeté, je te rejoins. Te hurle ma colère. Puis, au récit de ton acte téméraire que s'empressent de me narrer les hôtesses de l'air, dans tes bras m'effondre enfin.

Ce n'est que plusieurs mois après, en ressortant la maudite musette, que je fis la découverte stupéfiante et saisis, non pas de la substance, mais tout l'absurde du malentendu, de feu la situation : dans la pochette externe de mon baluchon sommeillait, taciturne, la pièce maîtresse de mon infortune, un petit bracelet de fortune, offert sur la plage par un marchand ambulant, qui devait fleurer bon le trafiquant… et le flair de Cerbère avait taquiné d'un peu trop près. Quelle étoffe !

***

Je ne partirai pas sans elle… Gageure. Fâcheuse illusion. Par la grande faucheuse ta volonté a fini par être débauchée. Cruelle qui, sur son passage, m'a cisaillé les ailes. Stoppé notre envol. Brisé notre élan.

Je ne partirai pas sans elle… Et pourtant.

XXII
L'élan familial

Juin 2019 – Week-end de la Pentecôte – Avesnois

Le karaoké bat son plein en ce début de soirée dont les plus fêtards d'entre les cousins ne connaîtraient la fin qu'au point du jour prochain. D'un poing ferme et décidé, du micro tu t'es emparé. Le micro pour toi seul, après l'avoir partagé le temps d'un récital, version chorale, avec tes aînés, bien accordés, à l'occasion de cette cousinade tous rassemblés. Pour toi seul parce que tu as un message à délivrer. Au centre de l'espace vert qui tient lieu de scène, presque toute ta famille s'est regroupée, formant jauge encline à t'écouter, chacun un verre de *Blue Lagoon* à la main : un cocktail spécialement concocté par le plus lillois de tes neveux, que tes sœurs et toi couvent d'un sobriquet chaleureux, *lapin*, lequel n'a pas son pareil en termes de mets audacieux et raffinés – « moins raffinées sont ses fins de soirée au *lapin* ! » lancent, taquins, ses cousins. Bleu est le thème du week-end, recommandé pour le dress code et le reste, plats, jeux, serviettes et autres idées en affinité. Entre chien et loup, le brouhaha ambiant progressivement se dissout jusqu'à fondre à se confondre avec l'onde d'attention qui crescendo se dissémine.

Celle qui me parcourt l'échine oscille, variant d'une extrême à l'autre, où s'insinue en creux un peu de honte dont je me défends, celle qu'en d'autres milieux l'embarras de telle situation eût tôt fait d'étoffer – *tonton* fredonnant sa belle, imité à son insu, générant amusement et fous rires à demi étouffés –, puis d'où rejaillit en saillies un doux frisson, impatient à l'idée de t'entendre entonner mon prénom. Car je devine parfaitement ce que tu t'apprêtes à chanter, ton corps tout entier déjà le claironne, clairement orienté qu'il est dans ma direction. Rien que ton intention, avant même ta voix, agit tel un coup de fouet sur mon cœur qui soudain violemment bat, mais sourdement, ébranlé par anticipation, mais dont toute manifestation est contenue, en rétention, tue. L'émotion est de mise, mais comme mise en suspens. Émulsion non miscible avec le corps dont elle émane pourtant. J'ai beau porter le prénom d'une reine, au cœur de l'arène, quand à la vue du public ma passion est exposée, son règne alors par la gêne est malmené et, davantage encore que cette rime dernière, son expression malaisée. Prise en défaut par moi-même : éprise de toi, mais prise en étau entre l'autosommation de l'assumer pleinement à tes côtés, et l'emprise de la somme des inhibitions à lever, à commencer par le surpoids que pèse ce que je suppute que l'autre, de nous, de notre écart d'âge et de style, va peut-être penser, quoique toi sur ce sujet-là cent fois nies loi. Et alors, comme toujours en pareil cas, je me méprise moi mille fois que puisse encore sur ma foi en nous le qu'en-dira-t-on avoir autant prise.

Or, ce serait ici méprise. Car les membres de ta famille, presque tous présents ce week-end-là, avalisent celle ou du moins ce qui est ton choix. Charge à moi en effet de me montrer digne de leur confiance a priori, à ce qu'ils en voient au bout d'un an et demi, et de ce qu'ils m'envoient en signe de reconnaissance. *Plus-value de la famille*. Dont ils m'estiment désormais faisant partie. Intégrante. *Plus-value*, c'est bien ce qu'ils ont écrit. Parce que « pièce rapportée », à ce qu'ils m'ont rapporté, me dévaluerait. Écrit sur ce diplôme d'accueil, d'intégration, de bienvenue, qui m'a été remis. Oui, mais… pas par n'importe qui. Des mains de ton fils, Alain, l'aîné de la fratrie. Signé par lui, cosigné par ta nièce, *Marie-Poulette*, même bouille, mêmes fossettes, un air de jovialité que tu ne saurais renier, pilier si c'en est un elle aussi, comme toi, comme lui. Parbleu ! Qu'écris-je ! Pilier ! Une colonne véritable, oui ! À qui l'on doit l'orchestration de cette fête interprétée en biennale, en grande partie. L'entame de toute une colonnade, du

Parthénon familial sa façade. Qui de cette cousinade de juin à notre dernier été deux mille vingt, et bien au-delà encore, de notre couple sera et restera un soutien. En témoignent ces nombreux clichés qu'elle prit de nous, *M.-P. la Mitraille*, qui de notre complicité, tantôt tacite, tantôt explicite, disent long, ne mentent en rien. Ressort photographique qu'en contrefort, justement, de ma mémoire, dans un tiroir comme dans un coffre-fort précieusement je détiens. Et que de temps à autre, quand le manque de nous m'étreint, je ressors et ainsi hors espace-temps nous retiens.

Les sabots d'Hélène
Étaient tout crottés,
Les trois capitaines
L'auraient appelée vilaine [45]

Ta voix de basse rapidement irradie, ton timbre de fumeur chronique pour ainsi dire fait un tabac, dénote, amène à la suite de tes premières notes sa logique, le balancement de gens tout ouïe. Bien à l'aise, ton sens du rythme épouse balèze l'art de la scène, époussette le larsen résiduel de mes doutes, balaye d'un revers de blanche le reste de mes appréhensions, interrompt le ballet obscène de mes réticences, rompt entre nous la distance et pulse d'un coup mon pouls en cadence, raccord au tien. Bleu est le thème du week-end et tes yeux en sont pleins qui me l'assènent, répandent sur moi leur densité teintée d'océan, soutiennent mon attention maintenant qu'ils l'ont captivée, ardemment la maintiennent, tandis que, couplet après couplet, ta déclaration, la partition de Brassens en procuration, nargue l'indéfiniment, comme un point d'orgue tient à sa solde l'auditoire, l'enchaîne à son bon vouloir. Quant à moi, dont le palpitant bat à tout rompre, désormais déchaîné, c'est la syncope que j'encoure, mais si j'écope, c'est d'amour. Georges et nous, ce soir tu joues coup double en termes de passion. Les trois capitaines n'ont plus qu'à tourner les

[45] Extrait de la chanson *Les Sabots d'Hélène* de Georges Brassens parue en 1954 en ouverture de son troisième album éponyme.

galons. En commandant, tu franchis le cap étroit, et ainsi le point marquas.

Et le cœur d'Hélène
N'savait pas chanter[46]

Non pas que mon cœur n'eût jamais chanté :
Juste une extinction, d'avoir déchanté
— Vil poison des leurres ! Mithridatisé,
Sa douleur en bon espoir s'est muée :
C'est à nouveau dans ses cordes d'aimer.

Joyeuse débandade que cette fin de cousinade. Du Rock and roll endiablé auquel, avec ta petite-fille, tu t'es adonné, au slow down par lequel tous deux le bal nous avons clôturé, en passant par les confidences que les uns les autres m'ont servies à table en guise d'immersion accélérée, j'ai à peine vu les différents temps de ce week-end s'égrainer. Par contre, elle, je l'ai bien senti passer. La p'tite *Likör* que ton filleul a sortie de derrière les bouteilles, quand par l'arrière-cuisine, *ganz zufällig*[47], je suis passée avant d'aller me coucher. À moitié saouls, fallait-il s'en douter, tu nous as retrouvés ; à demi compatissant, à demi furibond tu m'as de là délogée.

— Mais enfin, Loulou ! À la *deutsch-französische Union* et à la double nationalité de son épouse nous avons trinqué ! Une liqueur maison qui plus est ! Je ne pouvais tout de même pas refuser !

— Oui, eh bien, on verra demain matin qui va trinquer quand va sonner le tocsin, si l'alliance franco-allemande est encore sur pied ! m'as-tu, bougon, sermonnée, m'empoignant comme pour m'enjoindre de refuser l'énième toast porté.

— L'alliance germano-française, s'il te plaît, tu es sur nos terres ! t'ai-je, fanfaronne, rétorqué, trait d'esprit comme pour accompagner le spiritueux bu d'un seul trait.

---

[46] Ibidem.
[47] Tout à fait par hasard.

Tu as vu juste. Tu as dit vrai. Mais c'est ton filleul, non moi, qui avec son mal de crâne, le lendemain, au lit est resté. Moi, c'est juste ma côte auprès de toi qui a légèrement, crânement, titubé ; le temps d'une brève explication sitôt fut restaurée : tu t'es fait du mouron, c'est traître ces boissons qu'on boit d'une traite, et moi j'étais à la fête, pouvoir parler germain avec tes cousins comme avec les miens, tu parles d'une immersion ! Certes, j'en conviens, ce n'est pas une raison, allons bon, Alain, ne soyons pas si teutons !

Chacun des membres, une quarantaine, a rejoint la chambrée qui lui était assignée. Dans ce gîte très bien agencé, très bien pourvu, la plupart des lits sont superposés, pour ce genre de groupe venu en nombre tout est prévu. Superposés… De quoi forcément inspirer l'humour supposé potache de certains coquins. Sous moi tu t'es installé, alors évidemment, *é-vi-dem-ment*, ils ont su le poser : « Ça va être coton, tonton, pour le lui retrousser, à ton Hélène, son jupon ! Va falloir grimper ! »

***

1er août 2020 – Nord

Les cousins sont tous revenus dans le Nord, remontés plus tôt que prévu, jusqu'à Valenciennes, cette fois-ci la tristesse pour dress code, le chagrin pour thème commun. Tu as encore pris un temps d'avance, devancé en t'en allant l'occasion prochaine. *Tonton a encore fait des siennes.*

Ton allée de cimetière en est pleine : une jonchée de compositions florales la parsème qui, par nos soins espacées, des dizaines d'autres tombes embelliront. Parce qu'Alain et son sacro-saint habitat partagé en toute équité. Seule une gerbe me la donne, avec sur le ruban un nom inscrit en grand… non le tien, le *sien* ! une infamie qui m'encombre. Un seul coup d'œil et Ève a compris, qui la fait *déloger*, sur le bas-côté, loin des vrais éloges la met, comme sa main à *lui* précédemment t'avait sans ambages dégagé. *Allons Hélène, pas de ressentiment en politique, jamais !* aurais-tu eu tôt fait de m'intimer – certes, mais « Fais comme tu le sens, je ne connais pas de meilleur bulletin de santé[48] » m'as-tu toujours recommandé. Alors mon instinct j'ai mandé. Et j'assume.

Puis, chemin faisant, sur la sépulture de tes aïeux, non loin, nous nous sommes rendus. Que nous avons également fleurie de ta générosité posthume. À son invite, je m'approche de ton frère qui d'une caresse en dépoussière la pierre pour mieux nous rendre cet hommage à découvert : sur cette tombe est gravé le prénom de ta grand-mère maternelle, qui est aussi celui de la mienne – *Hélène.*

— On ne fait jamais rien par hasard dans la famille, René m'a-t-il alors déclaré, les yeux humectés de franche solennité.

— Et votre mère… Elle est bien née un quatre mai ? ai-je, en retenant ma respiration, dans une même tonalité, enchaîné.

— Oui, pourquoi ?

— Parce que c'est également un quatre mai que je suis née.

De toi à moi, Alain (dont l'anagramme « Laina », soufflé par ma sœur Julie au passage, qui me souffla moi, fait écho au p'tit nom de notre propre grand-mère dite « Léna »…), plus qu'une histoire d'amour : toute une symbolique, qui coudoie la maïeutique, à mon sens magnifique.

***

Janvier 2021

J'ai ressorti – avec peine – ton coffret de Georges Brassens. Au bout de tout ce temps endeuillé. Assorti mon effort, incommensurable, d'une écoute à la marge.

---

48 Allusion directe à la citation de François Mitterrand « Être d'accord avec soi-même, je ne connais pas meilleur bulletin de santé ! » extraite de son livre *Ici et maintenant.*

Et la pauvre Hélène
Était comme une âme en peine...
Ne cherche plus longtemps de fontaine,
Toi qui as besoin d'eau,
Ne cherche plus, aux larmes d'Hélène
Va-t'en remplir ton seau[49]

Malsaine cette touche d'aigreur qui en bouche subitement me vient : il est plein à ras bord, mon seau à moi, tiens !

Et dans le cœur de la pauvre Hélène,
Qu'avait jamais chanté,
Moi j'ai trouvé l'amour d'une reine
Et moi je l'ai gardé.[50]

Do Ré. Ainsi, par ces deux notes, s'achève la chanson. Do Ré. Comme le dernier message vocal que tu m'as laissé, mardi vingt et un juillet deux mille vingt, que je n'ai eu de cesse de réécouter : « je suis finalement assez serein [...] je te fais mille gros baisers d'amour, mon cœur a*doré* »... Do Ré. Pour qui sait lire entre les lignes, de l'or à ma portée.

---

[49] Extrait de la chanson *Les Sabots d'Hélène* de Georges Brassens parue en 1954 en ouverture de son troisième album éponyme.
[50] Ibidem.

XXIII
L'élan de grâce

Dimanche 5 juillet 2020 – Lille

— Assume, bon sang ! C'est bien simple : j'ai dix ans de vie à t'offrir avant que ça commence à se dégrader.

Ton impatience a atteint son comble, les preuves et manœuvres d'amour ont crevé leur plafond, mais ma défiance est coriace et ta ténacité succombe à l'exaspération. Tu en crèves de cette vie à deux, autant que moi, du reste, qui m'en veux de ne pas parvenir à dépasser mes craintes, à lever la barrière du *qu'en-dira-t-on*, à me ficher de notre différence d'âge, à défoncer le talanquère de mes inhibitions, tout bon taureau que je sois, dont je possède en apparence la carapace, mais dont la tendance aux tergiversations te déçoit. Alors, tu t'agaces et me tances. Ôtes furax la cloison et me plaques ta vérité de face. Percutant est ton argument. Lapidaire et qui surprend. Telle audace m'interpelle. Le cran qu'il faut pour affronter l'idée de son propre terme, s'en infliger l'échéance même, et ainsi me la balancer à titre de dot, à prendre ou à laisser – osé. Quitte ou double, une de tes marques de fabrique dans l'adversité. J'en conviens pour ma part aisément : ton appétit de vivre est vorace, tu me l'as amplement, absolument démontré, et ta rage plus intense encore, de vaincre mes réticences. Sans compter cette longévité dont tes aînés ont le secret, dont tu peux à l'évidence te réclamer. Et puis… simplement, j'en ai envie, on en a envie. À dire vrai, une marche arrière me semble à ce stade avancé de fusionnelle complicité impossible à envisager. Arrimé à ton ambitieux trois-mâts, l'esquif se sent d'esquiver tous les gouffres amers et de voguer vers de salutaires destinations. Même Romuald, d'ordinaire si sévère, en convient : « le bonheur n'attend pas » m'a-t-il, pour tout commentaire en réaction à l'éventualité de notre union, servi en juin. Alors, de très bonne grâce, devant ton offensive teintée d'humilité, pour une fois je me suis inclinée :

— J'aime cette vie avec toi, Alain.

— Et donc ?

— Donc c'est « oui ». Avec un codicille ceci dit : pas pour dix ans, mais quinze ! Trois quinquennats au moins, parce qu'on le vaut bien !

— Tu sais qu'je t'aime ?

— Oui. Je sais.

Lundi 6 juillet 2020 – 17 h 30 – Lille

Une armada de roses devancent tes bras qui à sa suite m'enserrent. Sincèrement aimante, je la et les reçois. D'autant plus touchée par ton offrande que nulle occasion particulière ne la fonde. En d'autres temps, j'aurais à ma manière, pudibonde en matière de dépenses inconsidérées, croisé le fer avec l'outrance de ton affection, *Loulou, tu exagères !* Plus maintenant. Je me laisse faire. J'ai appris la leçon : « rien n'est trop beau pour l'ouvrier » qui durement son pain a gagné. Et de là où nous venons, il, elle, nous n'avons pas démérité. Clémente aussi parce que j'ai à respecter tes façons. Généreux, mais point dispendieux. Tu n'as jamais cessé de compter, gérer, conscient que tu restais de la cherté de la vie pour beaucoup. « C'est un comble ! J'ai quand même le droit de t'offrir un cadeau ! », t'indignais-tu à nos débuts, lorsque je t'en faisais la remontrance, indisposée avant tout par ce qu'*on* aurait pu en penser. Enfin, indulgente vis-à-vis de moi : « rien n'est trop beau pour toi, mon cœur adoré », aimais-tu à me répéter. Il est des mots qui bercent l'enfance a posteriori de ce qu'elle a été.

J'agence précautionneusement l'extravagance de ton amour dans un grand vase, que je place bien en vue sur la table basse du salon, je t'embrasse avec l'élégance que la magnificence de ces roses impose, et me sauve, rejoindre la réunion du secrétariat fédéral, mettre ma modeste main à la pâte pour tenter, au lendemain des municipales, sous le couvert du patronage fiable de Martine Filleul, de glaner quelques restes de semences encourageantes, pâles pétales de notre Rose envolées, dont nous tentons, moroses, d'enrayer la fanaison. Plus tard, vers dix-neuf heures, nous nous retrouverions, sur les sièges du conseil fédéral, à quelques rangs d'intervalle, continuant de cultiver notre discrétion, et en repartirions comme à l'accoutumée, en ordre dispersé, moi prenant quelques mètres d'avance sur toi qui devant le douze rue Lydéric t'attarderais, une cigarette au bec, prompt à te laisser taxer les dernières du paquet par quelques militants venus écouter, circonspects, le bilan que de la situation il se peut dresser, moyennant sur le sujet de jouer les prolongations.

19 h 15

Le thème des municipales et de leurs retombées, en conseil fédéral, est lancé. Tu t'élances vers le pupitre, parmi les premiers à intervenir, tu as des choses à *leur* dire. Tes vérités. Qui sur un post-it dans leur quintessence sont énumérées. Suffisamment clair et précis tu seras, mais suffisamment concis aussi, cette fois, tu me l'as promis. De l'importance d'être pertinent dans un bref délai, de ne pas lasser. Derrière moi qui me suis installée tout au fond, dans l'assistance, déjà pestent et ronchonnent de jeunes militants et/ou élus tout frais moulus, restés debout dans une salle certes bondée, mais surtout, à mon humble avis, pour mieux prendre de haut ce qui par les anciens serait dit tout là-bas. *Ah non ! Pas elle ! Ah non ! Pas lui ! Mais faites-les donc taire, ces élus d'un autre temps qui vaticinent !* et tutti quanti. À ce jeu mesquin qui se pratique par quelques-uns en interne, du petit coup de canif assassin, asséné sous cape c'est plus certain, je ne me ferai jamais ; tandis que toi, Alain, bien volontiers tu t'y soumets, y prends un malin plaisir même, avec intelligence et flegme souvent surenchéris, réaction pimentée en général d'une pointe de perfidie.

En rassemblant mes affaires, les yeux embués du chagrin post mortem, j'ai retrouvé dans un des dossiers que tu avais pris soin de me préparer, intitulé *Hélène – réflexions sur la politique nationale* avec des dizaines d'articles de presse découpés (et dire qu'à partir en vacances on s'apprêtait !), les deux feuillets qui de brouillon avaient servi à ton intervention. Et j'en ai brait. Il n'y a pas de verbe plus explicite ici à convoquer. Brait de ce limon de pure douleur qu'instantanément ces fragments d'un passé récent ont remué, que je me suis pris à la figure de plein fouet. Une trouée supplémentaire en mon cœur déjà ravagé. Nos désirs convergents saccagés : *Première étape de la reconquête... Plutôt dernière étape de la dégringolade... Score remarquable de Roger Vicot... Loyauté des responsables qui, malgré les rebuffades, ont choisi de s'engager à fond, au premier rang desquels Patrick Kanner et Bernard Derosier... Sur* la 5e*, des leçons à tirer, ces militants exemplaires qu'on a découragés [...], sur qui on aurait dû compter... Et pourtant je reste optimiste. On a vraiment touché le fond, il faut donner un bon coup de talon pour remonter...* Ce soir-là, le six juillet, tu avais égrené les résultats, avais chacun d'entre eux d'un compendieux commentaire couronné, tantôt féroce, tantôt élogieux, et ta prestation, pleine de fougue, avait fait l'unanimité. Même les ronchons avaient fini par se taire et attentivement t'écouter. L'applaudimètre à blanc tu as saigné. Hommage digne de ce nom, ante mortem, qui s'ignorait.

21 h

La séance est levée. Nous repartons comme convenu, légèrement en décalé, notre Rose en bandoulière finalement pas tout à fait encore fanée. J'ai le palpitant fan et fier de te retrouver rues piétonnes, de m'accorder à la cadence de ton pas de géant.

— Je t'ai trouvé très bon, ce soir, Alain, en toute objectivité. Et je ne pense pas avoir été la seule, les applaudissements pleuvaient, tu nous as émulés !

— C'est grâce à toi qui me portes, mon cœur adoré...

— Oui, enfin, bon… Tu ne m'as pas attendue pour te prouver durant toutes ces années !

À *La Bella Italia*, histoire de changer… c'est moi qui ce soir-là t'invite à dîner. Le cœur et la tête doublement à la fête : à ton sens de la reconquête et à Roxane, ma nièce qui vient juste de naître, nous allons trinquer. Roxane dont, à la demande des parents, j'ai choisi le prénom sur la liste qu'ils ont proposée. Edmond Rostand, la résonance est telle pour qui me connaît… Roxane, un ange qui, depuis le berceau des langes, sur notre monde son premier regard a posé, au moment exact où toi, Alain, depuis le camp replié qu'est devenue notre Fédé, ta dernière réplique, envolée politique, tu nous soufflais. Ce lundi six juillet deux mille vingt, un toast à la vie nous avons porté : « elle est pas belle, la vie ? », t'es-tu sereinement, souriant, exclamé. Un lundi de grâce, dont je veux me souvenir à jamais.

***

Lundi 30 septembre 2020 – Lille

À la tribune où tu l'avais précédé le six juillet dernier, où à ta suite il était venu se mesurer, Bernard Derosier est aujourd'hui seul à traiter le sujet inscrit en premier point à l'ordre du jour : « Hommage à Alain C. » Noble symbole si c'en est un : l'affrontement des idées, que l'on savait entre vous habituel, derrière l'élégance du geste et du verbe s'est éclipsé. L'homme des divergences assumées que tu étais est même salué. Ta carrière alors Bernard a rigoureusement retracée, en toute connaissance de cause pour avoir générationnellement traversé à tes côtés nombre d'évènements qui l'ont marquée, exercice auquel j'aurais été bien en peine de me livrer, moi qui l'avais davantage appréciée en différé, à ce que j'en connaissais, puis à t'écouter sur un divan, au volant ou entre deux verres de *Montdoyen* me la narrer, de manière non linéaire, plutôt séquencée, au gré d'anecdotes saccadée (prisme intime, version personnalisée des faits, qui d'un certain point de vue seulement se valait.) Outre la qualité de son tracé, je sais gré à Bernard de ces mots, révérencieux, qu'il a prononcés lors de notre échange préparatoire à la rédaction de son intervention en ta mémoire : « Voyez-vous Hélène, Alain ne tarissait pas d'éloges à votre égard ; eh bien, à vous écouter l'évoquer, et pour vous avoir vue à l'œuvre, animer la commission sur la réforme des Institutions, je peux vous dire qu'il ne s'était pas trompé. » Merci Bernard, Alain aussi aurait apprécié.

***

Automne – Hiver 2020/2021

Arx tarpeia Capitoli proxima. Il n'y a pas loin du Capitole à la roche tarpéienne. Cette locution latine qui, fin juin, en secrétariat fédéral justement, avait été prononcée. Je ne sais plus à propos de quoi. Du Président Macron, sans doute, et de sa tendance à l'outrecuidance qui lui était souvent reprochée. Expression qui m'avait glacé les sangs. Allez savoir pourquoi. Que je t'avais répercutée sitôt rentrée – sans jamais rien dévoiler, ceci dit, de ce qui dans cette instance se débattait, serment prêté. Un bail que tu ne l'avais plus toi-même entendue. Quasi inusitée. Quand j'y repense. Au caractère malsain qu'elle m'avait sur le coup inspiré. Au spasme qui m'avait alors parcourue. Horripilée. À la question qu'après coup, post mortem, je me suis posée : quel mal aurions-nous fait ? Quelle repentance aurais-je à éprouver ? Simplement d'avoir voulu y croire ? À la reconquête d'un territoire et concomitamment à la victoire des sentiments sur nos âges, leur écart, certes peu sage ? Sinon, quel écart aurions-nous payé ?

Ni Greg ni moi n'avons présenté notre candidature aux départementales. Je n'étais pas en état, moi le bon petit soldat par le retentissement de ta mort prématurée mis à terre, estropié ; Greg quant à lui était démis. Politiquement autant que moi émotionnellement. D'autres, de toute façon, sitôt ton décès annoncé et ses conséquences aisément devinées, se tenaient déjà prêts, dents de lait bien acérées, parachute au dos bien vissé, tandis que sur ta tombe je pleurais. Le fait que Patrick Kanner ait dû finalement renoncer, au terme d'âpres négociations, à conduire notre liste d'union de la Gauche aux régionales, ravivant ainsi le onze mars deux mille vingt et un mon chagrin, « Alain n'en finit pas de mourir » me suis-je écrié, a facilité ma décision d'après : faire retirer mon nom inscrit sur la deuxième moitié de liste, en position prévisiblement non éligible. Décision prise in extremis qui en coulisses cette petite phrase assassine en guise de salut me valut : « son nom sur la liste, c'était un caprice de fin de vie de qui l'on sait ». Vingt-cinq ans de militantisme pour m'entendre répéter ce genre d'abjecte ineptie venant de je-sais-qui. Quand toi Alain tu aurais fêté en juin deux-mille vingt et un tes cinquante ans d'encartage au Parti. Un jubilé. Durant le confinement, tu ne cessais de m'en parler. Un énième coup de grâce qui nous fut porté. « La politique est rude », souvent tu me le disais. Et là ? Qu'aurais-tu dit ? *Ben qu'on a bien le droit de faire des p'tits caprices dans la vie, pardi* ! Non, décidément, à ces coups bas, je ne me ferai jamais. Et ne veux m'y faire. *Caprice de fin de vie*... Vraiment, *m*onsieur, c'est petit.

***

9 mai 2022

François Hollande est l'invité du *Grand entretien* d'*Inter*. Ce que lui présentement en dit : « il y a des formes d'inélégances, comment dirais-je, d'absence d'amitié dans le Parti socialiste, qui me paraît tout à fait néfaste. »

Ce que corroborera Stéphane Le Foll, dont à la suite du Congrès d'Aubervilliers tu avais soutenu la motion : *Notre parti est mort de querelles internes*[51], entre autres choses.

Quant à Bernard Cazeneuve, ancien premier ministre dont tu aurais souhaité qu'il se portât candidat aux présidentielles cette année, il quitte le Parti le quatre mai deux mille vingt-deux suite à l'accord passé avec La France Insoumise : *En politique, savoir qui l'on est et ce que l'on veut, c'est aussi avoir une idée claire de ce que l'on n'est*

---

[51] *Ouest-France* du 7 juillet 2022.

pas et de ce que l'on n'acceptera jamais de devenir[52], évoquant au passage *la violence, l'outrance des positions, les insultes aussi*[53] dont il fut par le passé la cible.

Ce que moi, très humblement, j'en dis ? Que je m'en tiendrai, Alain, à notre élan de grâce, comme à celui qu'a connu, en des temps révolus, plus révérencieux, notre Parti.

---

[52] *Le Monde* avec AFP, publié le 4 mai 2022.
[53] *La Manche Libre* du 4 mai 2022.

Troisième partie
L'élan meurtri

XXIV
L'élan freudien

Septembre 2020 – Nuit

Belle est ta voûte, il faut avouer. Aussi belle vue d'en haut que de dos. Voûte qui en des cercles familiers te libelle, que souligne et signe ta silhouette envolée, laquelle, propulsée, se courbe et fléchit en son sommet, telle une orque élancée sur tes épaules échouée.

Si visuel surtout se veut le parallèle, au demeurant flatteur autant que spontané, son sens sous-jacent, de l'écrire, aussitôt s'entend, éminemment évocateur : l'orque, prédateur au relationnel important, aux leurres sophistiqués, agent double par définition, dans la mythologie également ainsi amené – tantôt des âmes le protecteur, tantôt impitoyable chasseur (l'étymologie même de ton nom). Du reste, remarquable espèce en voie de disparition… Condamnée à l'extinction ?

Belle, à ton honneur, se peut la comparaison : toi, le digne animal à toute épreuve en action, épine dorsale d'un parti en érosion.

Oui, éloquente est cette courbe qui t'énonce : en lutte permanente, à ce qu'elle dénonce ; faite de ton allant qui jamais ne renonce.

Aussi belle vue d'en haut que de dos : tandis que je descends les escaliers de celle que tu appelles – et le martèles pour qu'enfin je la fasse mienne – *notre* maison désormais, la vision de ta nuque à mes pieds, sous mes yeux déployée, percute de plein fouet mon cœur endeuillé. Tel tu m'apparais : accroupi dans l'entrée, le dos recourbé, surplombé par l'arcade que forment en écho, suspendues, la ribambelle de nos vestes bien ordonnées qu'entremêlent malgré tout nos parfums, forcenés entêtés, sous l'effet de leurs boisés confondus ; une des tiennes exceptée, dont tu es revêtu.

Revêtir, c'est *partir*…

En attestent les souliers – pas n'importe lesquels – que tu es en train de chausser, et dont je ne puis plus, lucide, me dérober à ce que l'apparition contient tout à fait de confirmation morbide.

Morbide. Et à la fois, j'en conviens, terriblement sublime.

Car ces jolis souliers que tu laces, de notre ultime périple, s'avèrent le témoignage, l'emblème, le souvenir commun où s'entrelacent mes repères et les tiens, où s'amalgament tes plaisirs aux miens, où s'agglomèrent les récits de chacun ; ils sont les témoins vernaculaires de notre sphère intime, de ce qui nous tient à cœur et ne s'y périme. Des Richelieu pour ainsi dire – riches de nous deux en maints lieux.

Car ces belles godasses sur lesquelles tes mains s'agitent et s'affairent, ont la semelle bien pendue, le cuir cognac et loquace : en italiennes qui se respectent, les deux font la paire, sous mon nez bavassent tant et plus… Depuis la place de Trévi où nous les avions choisies, je nous suis à la trace au rappel ému de ces kilomètres ensemble parcourus quand, sous novembre deux-mille dix-neuf ensoleillé, nous prîmes notre pied, au hasard des rues, des arts et des impasses, émerveillés, harassés, mais le désir tenace d'épouser Rome en son enceinte, qui de marbre ne nous a laissés – si ce n'est, gravée en elle, notre empreinte conjointe devant l'éternel.

Et à travers ces chaussures que mon regard atterré ne saurait quitter et qui mon allure à la rampe, net, ont stoppée, je me figure l'épitaphe ainsi suggérée : *à tes côtés, Hélène, j'aurais tant encore aimé marcher…*

Doucement, vers moi qui entreprends la descente de notre nid douillet aux enfers, ne pouvant plus nier cette réalité obscure qui me foudroie et son verdict acerbe me figure, tu relèves la tête : l'iris de tes yeux scintille de bleu, azur que noient tes pleurs ; j'y lis nos adieux et ce qu'ils augurent sans toi de douleurs.

***

Sonne le réveil, et s'éveille mon matin morne.
Ce n'est pas un rêve : un mois que tu es mort. Bien mort.
Sommeille l'automne, l'effroi gagne du terrain. Cerne,
Hélène, qu'à Rome l'*amor* s'achève. Et l'orque saigne.

XXV
L’élan des habitudes

« Dis ! Mon cœur adoré ! J’ai entendu parler d’un restau italien, paraît-il, vraiment bien ! »

Qu’à mes sens cette redondance en ta bouche, remâchée depuis des années, est plaisante – était.

Les premiers temps, pourtant, la redite, systématique au moment de décider où attabler nos galants forfaits, me parut louche : absence de suite dans les idées ? Complaisance vis-à-vis d’un passé qu’à leurs heures nourrirent d’autres convives, d’esprit et de cœur ? Monolithisme des ans fait-néant ?

Ô combien nous en avons soupé, effectivement, de ton insatiable refrain du *p’tit Italien*, servi à la louche et sur un ton délicieusement badin, souvent à point nommé quand, saisie au vol, la moindre occasion justifiait selon toi que nous y trinquions, quand le moindre instant de vie au goût particulier, ne serait-ce que légèrement prononcé, contenait en lui l’argument de sa célébration, quand, enfin, simplement ma présence à tes côtés t’ouvrait appétence et horizon, à partager à discrétion, oui, mais… de préférence là où tu te sentais bien et sans modération – sans modération : de loin l’exhortation la plus délectable d’entre tous les mets de l’existence, par tes soins relevés.

Le p’tit Italien. Refrain qui finalement fit mouche, au point de devenir mien. La fine bouche bien vite en convint et mit de l’eau dans son vin revendicatif : vain dessein que de tenter de distraire un tantinet ton palais en d’autres repaires de fins gourmets ; crime de lèse-majesté que d’opposer au tenant du titre, couronné par ta bonne chère depuis deux décennies au moins, l'idée du bistroquet du coin, tant en souverain régnait sur ta faim ton *p'tit Italien*.

Ainsi donc, en un tournemain, de tendres tête-à-tête en déjeuners spontanés, intercalés semblant de rien, ta ritournelle devint notre rituel commun dont, en chefs avisés, Tony et Mickaël orchestrèrent la fluidité, s'improvisèrent les témoins. À *La Bella Italia*, chrysalide de notre premier émoi lillois, pas à pas j'ai validé cette valeur sûre, intégré son pourquoi.

Valeur sûre parmi d'autres dont je mesure, à l'aune de mon deuil que l'émergence d'un ensemble de souvenirs jalonne, combien elles le structurent et en bienfaits l'abondent, comme autant de sépultures fécondes où je recueille au présent le prolongement de toi qui de ton vivant y vibras.

Il en va ainsi, de même et à foison, d'un tas d'endroits triés sur le volet de tes expériences passées, étrillés quelquefois et à raison par un *moi je* voulant faire exception, au nom de notre singularité et de l'importance de se réinventer, adoubés en conclusion par mon adhésion à tes piliers, Constance et Fidélité, qui sur ma vanité l'ont emporté.

Naguère étriers de notre relation, ces lieux repères où s'est forgée, aguerrie, lustrée son armure, au creux desquels se sont logées, confrontées, unies nos émotions, font aujourd'hui figure de bastions auxquels se cramponnent mes efforts de rémission. Ils font rempart à la menace du temps qui notre cohésion délite et mes convictions effrite, à l'érosion de mes sensations dernières qu'ils confortent tout au contraire ; ils sont leurs fortifications, étançons pérennes de notre co-construction, part visible de l'*étions*, qui amortit le processus délétère qu'ourdit la mort – c'est-à-dire les perceptions engourdies par le vide qui à la longue les pénètre, assorti de son cortège de colères, de remises en question et consorts, lesquels désagrègent les évidences les plus fermes, jusqu'à ce qu'à terme un taire terne s'ensuive, toute tentative d'évocation enterre et notre raison d'être oblitère.

Oui, récon*forts* sont ces balises de pierre, témoins certains et en dur de notre vécu commun qui à travers eux perdure : au plus fort de mes crises de nerfs, quand à l'enfer du rien je me refuse, alors, de tête ou au dehors, je reviens à ces refuges, j'y erre à ma guise, juge et maître de ce qu'hier encore nous y fûmes et nous y fîmes, et je hume leurs parfums qui réinstaurent notre éphémère lointain, le caractérisent, et j'étreins leur atmosphère, complice et tangible, qui suinte notre âge d'or, et j'y puise cet autre essor qu'il me faut bien quérir si je ne veux périr – tant qu'à faire en plein ce *nous* qui m'inspire.

Et de me confronter, solitaire, à ces lieux qu'à deux nous avons éprouvés, ne génère rien de mortifère, essore mon chagrin, non l'attise, l'absorbe, au pire l'éteint, au mieux métabolise pour l'en extraire ce qu'il contient de trésors : notre égrégore amoureux, tes précieux apports, et en mon *for* déposée la clef d'un avenir serein.

Des lieux qui nous racontent et nous raccordent, que j'assigne en consolation autant que de besoin – n'en déplaise à Raison. Les abords de *notre* maison, angle du Faubourg face au métro Saint Maur' où tu te tiens, géant légèrement voûté, ce corps voûté qui te sied tellement bien, levant la main, souriant à mon coup de klaxon signifiant notre commun accord – *d'accord, demain encore, je reviens* ; les rues que nous arpentons en toutes saisons, le long desquelles nous devisons, sujets divers – Saint-Pétersbourg dont tu rêves au printemps, l'université d'été du PS, ta famille que j'adore, les miens qu'à notre union nouvelle bientôt nous associerons, New York à l'automne prochain malgré Trump dont nous ignorons tout encore de l'éviction… Depuis ce restaurant d'en bas où parfois nous nous montrons infidèles à *La Bella* – ce n'est rien, *Bella*, petits détours d'humeur qui à tes accortes faveurs toujours nous ramèneront –, nous remontons la rue *Blanche* : là, ton pas déjà nonchalant, davantage encore lambine à l'évocation de cet ancien appartement où, par le passé, tu pris racine, et voilà qu'à ta nostalgie mon attendrissement s'acoquine… Puis nous jouxtons *Saint Gabriel*, bifurcation rue *Véronèse* : au coin de cette rue précisément, séjournent les morts qu'entourent leurs proches ; or, sur ces pompes funèbres jamais notre déambulation ne s'attarda, seul ton trépas à cet arrêt sur hommage me contraint là (taquin, je t'entends de là-haut me rétorquer ici-bas : *navré, mon cœur adoré, c'est à côté de mes pompes que cette fois j'ai marché !*) Rue *Véronèse* donc, où notre balade vespérale coutumièrement s'achève, mes pas dans les tiens bravant la chaussée en son travers, ta clope au bec narguant ma réprobation salutaire, nous mènera également notre ultime rendez-vous, dominical, tel un cérémonial, à deux pas de chez *nous*.

Place aux bouches de métro, qui tout autant mes sensations fugaces entérinent : *Rihour* où je m'impatiente et fulmine, c'est assez de ton addiction, ton tabac me bassine, encore et toujours *ta dernière* – quel aplomb !, soit disant pour la route, si pas pour de bon ; station *Mairie de Lille* où, à la sortie de nos réunions socialistes rue *Lydéric*, nous nous retrouvons, auxquelles, rigoureusement, séparément installés, nous contribuons – épargner notre amour des rapprochements infondés, des amalgames déplaisants ; une fois dans la rame, cette barre qui soutient ton port beau, rehaussé parfois de ton chapeau, tandis qu'inlassablement tu soutiens et embrasses mon regard de tes yeux lumineux, baignés de bleu amoureux, pleins de ton sourire qui rarement vacille… Puis quand, de guerre lasse, les miens oscillent, harassés de tant d'attention, se détournent de cette séquence émotion, ton front, demeurant radieux, alors automatiquement se déporte vers les premiers passagers à sa portée, et ta bonté, immense, fait le reste, sur l'indifférence de leurs trajets réguliers l'emporte, désamorce la moindre de leurs réticences – jamais ton intérêt pour l'humanité ne se prend de veste, tant tes yeux la reflètent.

Nos errances…

Café de Foy où, au sortir de tes instances, tu t'assois ; au débotté je t'y rejoins quelques fois, entre deux cours que je dispense ; où de m'attarder, philosophe, tu me dispenses, trinquant vite fait, ta *Leffe* contre mon chocolat.

Ne parlons pas d'*Euralille*, allusion malhabile quand on connaît ton avis sur le dossier, son quartier, ses gares, jusqu'où, mille fois, nos valises ont été traînées, ses quais inénarrables sur lesquels, empli d'égards, adorable, certains soirs tu me raccompagnes, pour finalement de ces au revoir n'en plus pouvoir et me supplier de définitivement rester.

Ces lieux qu'ici j'égrène au gré de l'inspiration, le sont au détriment de nombreux autres, qu'il importe peu de citer, car c'est non dans leur énumération, mais dans leur densité, comme dans leur localisation, délimitée, qu'ils trouvent leur efficacité. Ces lieux où nous nous sommes principalement retrouvés, parlé, chamaillés, écoutés, aimés, provoqués, fortifiés, projetés… sont occurrence, se recensent rapidement, se visionnent aisément : de cette circonscription affective, Alain, je te sais gré. Une concentration qui effectivement me permet de nous y ressentir, de m'y ressourcer, sans empiéter sur maints espaces par nous laissés vacants, en devenir, où m'évader si, à un moment, remarcher sur nos pas devait me faire trop souffrir.

Ces lieux qui, entre autres évocations, ont façonné notre relation, ont concouru à sa consolidation, à jamais l'estampillent : ils sont ta marque de fabrique à toi, mon compagnon de route comme de routine, Homme d'habitudes que ressuscite leur fréquentation, et ma quête de toi n'en éprouve que gratitude et satisfaction.

Même si désormais, ainsi que Victor Hugo l'a écrit, *tu n'es plus là où tu étais, mais tu es partout où je suis*.

XXVI
L'élan des réminiscences

Ainsi que ces lieux dont l'essentiel réside dans la teneur mémorielle, dont le cœur n'a de cesse de battre le rappel pour, à dessein, en imprégner mon restant de chemin, certains objets, quelques odeurs me rendent compte de toi, me re-content notre rencontre et sa saveur plurielle, pareils à des raviveurs d'émoi, receleurs d'instants sereins, ravisseurs d'émotions d'antan, le chagrin qu'ils éveillent parfois pour rançon. Par leur biais, des sensations affleurent, tel l'écrin, à sa présentation, infuse l'idée de la valeur qu'il contient. Vecteurs transitionnels que ces biens de bon aloi, des semblant-de-rien qui, intensément, me relient à toi, une extension de lien par rétention (et non détention) vers son expansion, une prolongation allant à l'encontre de ton extinction. Ton extinction : cette pseudo-fin à laquelle concourent, consternants, les déserteurs fuyant devant plus noble dimension – parallèle, spirituelle, atemporelle. Illusion du rien, peur de perdre, impression d'inanité demain sont ces déserteurs ; agitation, possession, affectation sont leurs marqueurs en amont, de faux-monnayeurs de bonheur qui, quand vient la mort, n'ont de réponse que la dénégation ou la terreur, si pas la trahison.

Ces objets-réminiscence qu'il me fut offert d'emporter au lendemain de ton décès, depuis l'orfèvrerie de nos convergences vers l'enfer de mon errance, de défaire de leur décor assorti pour en ornementer le pétrin de souffrances qui m'attendait, ne sont pas pléthore. Simplement des morceaux choisis. Que je me suis forcée d'extraire. Comme d'une œuvre sa quintessence. Euphonie de vie.

Qu'altère une discordance. Ci-gît un destin impitoyable à la Verdi – si j'y pense ! qu'à Saint-Pétersbourg, où, à l'évidence, au prochain printemps nous aurions dû nous rendre, la première de cet opéra réputé *maudit* se fit entendre… Transfert contraint, mais nécessaire. Comme de l'horreur, le bon, le beau, le bien que l'on préserve. Jacques Jaujard à la rescousse du Louvre et de l'Art, jaugeant et couvant avec soin le chef-d'œuvre qui, demain, sera le digne témoin de la France d'hier. Ici, Alain, en ce qui nous concerne, la prévalence du cœur pour critère, le caractère contenu en certaines choses, ce qu'elles signifient *dans l'esprit*, admis en surenchère. Quitte à faire offense à l'arrogance de l'argument marchand. Alors je me suis quelque *peu* servie, parce que ton fils me l'a dit et redit, mais sans plus goût à la *matière*, puisque la vie en te prenant toi m'avait tout pris.

Non, il n'y a pas pléthore d'affaires investies en commun qui aujourd'hui ceint mon existence solitaire. Seule déborde ta présence au travers. J'ai conscience que ce n'est pas sous des dehors tangibles, mais en mon for intérieur que teinte l'or, le pur, le vrai, que par ta fin tu me dé*livres*.

Ainsi donc, je dors avec ta chemise. La dernière que tu aies portée. Vêtement récupéré le lundi suivant ta mort, au petit matin de ma première nuit blanche, blanchie à la faux, vierge de la turbulence de tes mains s'assurant de l'adhérence de mon corps au tien. Avant-goût amer de ton absence vouée à s'éterniser. Amorce de cruauté, édulcorée par l'unique tranquillisant ingurgité qui m'a abrutie, mais qu'une série de béances inéluctables, aux effets de prime abord insurmontables, viendra acérer au quotidien. Je me remémore la scène avec effroi, j'enfreins le déni aussi à réemprunter le chemin en marche arrière, en rouvrant la porte sur ce qu'il convient de ne pas remiser, bien au contraire – ce qui me terrorise, faire en sorte de tout de suite l'extérioriser. Cette porte, peuchère, qui ce lundi-là, vingt-sept juillet, s'est entrouverte sur notre sphère intime à demi amputée ; sur notre chambre, par l'aurore en partie éclairée, où, privée de toi, je n'ai pas dormi cette fois, car il ne valait mieux pas, à ce que la veille on m'en avait dit ; sur notre lit dans l'attente impatiente d'une autre manche, que par un soin conjoint nous avions refait, recouvert de ce linge fleuri, propre et frais, que j'avais sorti, que tu avais insisté pour étendre ; sur cet empire d'émergence de nos sens, peint en rose, animé de matins chatoyants, où hier encore nos deux corps ne firent qu'un, dévoilant dorénavant l'horreur immergée de l'iceberg, où chavire alors éplorée, à s'y souvenir entière, à s'y retrouver mutilée, ma confiance en la vie.

Par terre, au tapis, mes certitudes. Tapie au placard, dans les recoins de l'armoire qu'il restera à vider, mon hébétude. En sursis sur un cintre, la nuisette au liseré de dentelle verte, tout juste achetée avec l'a priori de te plaire, qui n'est plus qu'une caresse prude, suspendue au-dessus de draps inertes. Atterrées au fond du tiroir, tes ceintures qu'avait défiées, édifiées même, ta ligne svelte retrouvée, qui, devant elle, avaient fini par la boucler. Sur la table de chevet, reçu au soir de notre crémaillère, le treize juillet, des mains de mon copain Fred devenu le tien, *Le Manuscrit inachevé* de Franck Thilliez. Épars sur les étagères, suppléants de nos désirs de chair titulaires, nos plaisirs érudits : de Jean-Christophe Rufin, une trilogie, et le prix du *Livre Inter 2020* que tu es allé quérir chez le libraire en juin, *Avant que j'oublie* d'Anne Pauly… Tandis que Mitterrand, Guigou, Badinter, Attali, entre autres mémoires et biographies dont nous avions l'étude en commun, quoiqu'à une décennie de distance au moins, s'essaient au boudoir, ainsi le prélude qu'ils avaient constitué à notre histoire, outre des sceaux montent la garde sur le seuil de notre antre bavard, les soirs de débrief et d'hiver. Toi qui au soir de ta carrière d'élu, à mes côtés apaisé, avais tant lu et relu, voire dévoré durant le confinement. *La Cause des femmes* enfin, couverture que j'ai couchée, ostentatoire, avec une perfidie non feinte, goguenarde, sur le fauteuil en osier qui nous sert de valet : Gisèle Halimi, qui un œil a gardé sur l'art, au-delà du devoir, de bien nous appréhender, ironie du destin, à ta suite le ferme, derrière toi s'éteint, le vingt-huit juillet deux mille vingt.

L'adieu à Gisèle et à notre cause commune ; inachevé le manuscrit ainsi que l'est notre lune de miel ; la Gauche, grande hier, qui patiente au couloir, pareil à l'isoloir qui au pied des urnes demeure la journée taciturne, abattu par qui s'abstient et au soir du scrutin dessert notre lutte ; *Avant que j'oublie* que j'avais lu la première, lecture dont tu avais pris la relève muni de ton marque-page qui depuis s'attarde à la vingt et unième, titre qui aujourd'hui me nargue, m'enjoint, à l'instar de son écrivain, de préserver, sauvegarder notre histoire, avant que par mon incurie, davantage que par mégarde, dans des limbes indignes d'elle-même elle ne s'archive… Que de messages par cette porte entrouverte ! À l'orée de ma forêt noire et de ses déboires funèbres, à la lisière de notre au revoir, d'ores et déjà s'interpénètrent, dans mon cœur comme dans ma tête, la conscience de ce triste sort, certes implacable, funeste, et la résonance subliminale, remarquable, que l'ensemble de ces symboles lui confère. À la veillée de larmes succédera – parce que je ne tolère pas la perte de l'être qui m'est cher, encore moins de ses conséquences le caractère lacunaire, je le subodore –, la veillée d'armes, qui par cet hommage en toutes lettres que je tiens à te rendre, Alain, s'entame.

Et dans ce clair-obscur que dépeint le dédale de mon esprit embué, hagard, que m'inspire l'intervalle entre notre équilibre conjugal et sa réalité qui détale, surgit une lumière. Un phare et son espoir blanchâtre dans mon cauchemar diurne. Ta chemise étale, spectre de lin que je perçois soudain, s'empare de mon désarroi total, en proie à ce sale coup de la vie à la portée létale, m'extirpe de ma léthargie : d'instinct, je la revêts telle une armure, m'enivre de ton parfum, m'imprègne de notre certitude qui en exsude.

Alors oui, je dors avec ta chemise de lin blanc. En guise de coussin consolant. Que puisse cette chimère de tissu fin, le mortifère de ton absence un temps contrebalancer. Cette chemise, je l'ai humée à outrance, tant et plus, en quête de toutes sortes de réminiscences en rapport avec nos moments d'insouciance. J'y ai flairé le restant de toi, ta fragrance ultime, comme un trésor que nul ne détiendra jamais, qui par essence s'évapore, qu'aucun récipient ne contient, que rien, pas même en mémoire, ne retient, un appel d'air revigorant, mais sans rappel, embruns vivifiants autant qu'éphémères, une ondée de bien-être passagère… J'ai essoré à force de le respirer le suaire enivrant de ta journée dernière, tâché de m'en imbiber, cherché à travers lui à t'absorber tout à fait. Je t'ai parcouru, Alain, au fil du lin comme d'un labyrinthe sensitif, en un laps de temps charnière, aux confins de ta réalité et de ta présence impalpable, où la jouissance de ton ultime empreinte olfactive le dispute à l'évanescence qui la caractérise, où mon bénéfice nécessairement immédiat défie l'urgence de ta résurgence furtive. Un labyrinthe sans retour, à rebours de notre amour, sinuant selon ses contours, suivant la trace de ce qui s'en inspire et qu'un bruit sourd menace insidieusement, bruit que les bien-aimés font en partant – les échos de leur corps qui lentement se taisent et minent au toril les Ariane en manque, avant que dans l'arène du veuvage elles entrent.

Contre ta chemise, dorénavant étalée sur *mon* lit, comme au creux d'un couffin, mon chat Hermès s'est blotti, ronronnant à tous crins. Les jours d'après. Après ta mort. À le considérer, aussi serein, paisiblement couché, dès lors j'ai pensé : cet habit, Alain, à n'en point douter, ainsi que toi transpire la bonté.

Imperceptiblement, quoique de manière attendue, chemise s'est tue. Tes effluves les plus délicats dans le remugle délictueux de ce linge devenu linceul se sont fondus, et le lin, seul, plus pâle que blanc à part toi m'est apparu – ta providence volatile sur les aiguilles austères du temps s'est empalée.

C'est alors que je l'ai saisi. Ton flacon de parfum comme une seconde chance. Afin que ta tendresse chyprée ne m'abandonne pas. Pas tout de suite en tous cas. Qu'au lointain contact de nos épidermes réponde le ressenti inaltérable qu'à l'inhaler, spontanément, l'extrait fait renaître. Que sur ma tristesse infinie se répande l'alchimie de notre univers intime, par cette exaltante exhalaison reconstitué. *Antaeus*. Sur ma main une aspersion et dans l'instant je te ressens, et plonge dans ta tanière, un antre dont l'atmosphère, à la fois dense et légère, sitôt m'oppresse et puis me berce, une entrée en matière qui se prétend agression et finit par se confondre en caresses, comme dans la jungle austère, face au gamin, le mammifère que dompte son propre instinct de protection ; une expérience immersive dans la pénombre de ton caractère où, à travers, filtre la lumière de ta foi en demain. Intense et délicat, ce parfum des années quatre-vingt que tu t'es attitré te sied bien. À merveille, même : créé en dix-neuf cent quatre-vingt-un ! Dont, ainsi que de ton Parti, tu ne t'avoueras jamais las, ne t'es jamais départi. Plus qu'une habitude, une attitude, choisie, revendiquée et assidue. Dont rien, y compris ma fréquentation, de corps ou au dehors, n'aura eu raison – j'aurais beau mon corps contre le tien me vautrer, c'est dans les méandres de ton parfum puissant que le mien toujours se perdrait ; j'aurais beau faire mon cinéma, par mon spectacle vivant chercher à te détourner, c'est systématiquement vers ta vocation première qu'en politicien passionné tu retournerais. *Antaeus*. Ou la célébration des nuances. Comme de l'Homme que tu es la dualité. Une seconde peau que tu portes, attribut quotidien qui te comporte, en de nombreux points pigmente ta personne, nous en restitue la complexité : mythique et terrien ; charismatique et sensible ; fort et vulnérable ; viril et féminin ; l'e dans l'a. *Antaeus*. De tous les combats. Faisant face à ses adversaires, les idées claires, un destin fortement ancré sur terre, le port fier, de prime abord cuirassé, arborant les biceps, jasmin et rose en bandoulière – tiens… une rose… tant qu'à faire. Qui se ressemblent s'assemblent. Terriblement, admirablement bien. Connaissais-tu seulement, Alain, toi le chantre du logement pour chacun, cette légende que sur Antée l'on raconte ? Que c'est un toit, celui de son père, que ses trophées servaient à parfaire ?

C'est par une autre sorte de trophées dont, séparée de toi, je me trouve désormais entourée, qui sous *mon* toit, lequel pour moi s'apparente à une soupente, un réduit de vie, un foyer dénué d'intérêt, puisque déchu de ce *nous* qui l'alimentait et des perspectives que tu me promettais, ont pris place. Trophées qui non plus décorent, mais déplorent notre sphère intime saccagée, blessée par le mauvais sort, derrière ta mort délaissée, à laquelle j'ai dû renoncer, à peine avais-je eu le temps de m'y faire, dont il a fallu me défaire et avec elle de tout ce que nous y avions généré – d'amour, d'amitiés et de projets. Ta chemise, ton parfum, ton illustre caricature, ta photo de moi préférée, le Vieux-Lille et sa place aux oignons par Jean Pattou aquarellé, quelques bouquins, de ta mère le plat à gratin… Ces preux trophées de feu notre festin de vie partagé, qui sans triomphe ont rejoint le domicile où avant toi, avant de te rencontrer, je m'étais peu sagement, mais humblement fixée, n'ont plus de cesse de m'apostropher. Il se hume, se murmure, se résume à travers eux que nous nous sommes tant aimés et que, pour sûr, un tel amour ni frontière, ni censure ne saurait tolérer. J'en veux pour preuve, dans l'immédiat, ce stylo que de toi je détiens, échappé de tes doigts le jour où tu t'es tu, et qui, entre les miens, ici, maintenant et pour après… nous perpétue.

***

Juin 2020

Je me souviens. Alors que je range mes affaires dans la moitié d'armoire que tu as débarrassée, époussetée, parfumée même, à cet effet, tu t'avances vers moi et, solennel, me *la* tend.

— Tiens ! Elle est pour toi. Tu en feras bon usage, j'en suis certain.

Tandis que je m'apprête à emménager, la tête en fête, cette scène m'inspire bizarrement rien que de très funeste. Circonspecte, presque inquiète, je considère cette serviette marron cuir vintage :

— Pour quoi faire, Alain ? C'est une sacoche pour homme et je n'en ai pas vraiment besoin…

— Ah ! C'est bien plus qu'une simple sacoche, mon ange… C'est mon cartable de parlementaire ! La première chose que l'on te remet à l'Assemblée lorsque tu es élu député. Et c'est quelque chose à quoi particulièrement je tiens, qui te revient.

— … Mais pourquoi moi ? Pourquoi pas à tes enfants ?

— Parce que le lien à la politique, c'est toi.

— Je suis très touchée… sincèrement… mais c'est gênant… vraiment… cette offrande aux allures de testament… là maintenant… Tu as l'art de choisir ton moment !

Ladite serviette, depuis, mon bureau a rejoint. Encore tout imprégnée de l'odeur de ton tabac froid. Qu'elle aussi j'ai étreinte, humée. Autant de volutes à la traîne derrière toi laissées – ne pas t'éteindre tout à fait. Elle contient désormais un tas d'éléments qui se rapportent à toi, que j'y ai glissés. Parmi eux, l'étole bleue, de laine et de soie mélangée, mon présent premier, que tu n'as cessé de porter en alternance avec le cache-col quadrillé offert par ton fils aîné ; soie perforée de ce trou de cigarette ! que tout honteux tu m'as longtemps caché, mais qu'à ta tête de gamin confus j'ai deviné – attendrie, j'ai fondu et rigolé : « Soit. On ne te refera pas. » Dedans également, ton nouvel agenda. Un *Quo Vadis* bleu nuit que je t'avais choisi pour ta prochaine rentrée, à ton étole assorti. Dont la première page me fait l'effet d'une bombe retardée : elle est datée du vingt-sept juillet deux mille vingt… ce joli calepin débutait le lendemain de ton décès. Déjà par tes soins annoté : le dix-huit septembre *AG de* [indéchiffrable, N.D.L.R.] *Union* puis dans la foulée *Week-end Paris avec Hélène ?* Ce vilain point d'interrogation qui n'en finit pas de me narguer !

Bien évidemment, soigneusement rassemblés dans une pochette, y sommeillent également tes mots, jusqu'à ta dernière lettre…

Et d'ici, je l'observe, cette serviette, qui elle-même m'observe me demander : comment d'elle, comme de toi, digne me montrer ? C'est le cuir de ma résilience qu'il faut désormais tanner si je veux ma peau sauver. *Quo vadis*… où me faut-il aller ?

XXVII
L'élan qui flanche

25 avril 2021

Ce dimanche, je n'y parviens pas. Je ne parviens pas à nous écrire. Absent au sortir du précédent chapitre le titre implant, celui qui donne le LA, absent le thème que m'insuffle la Providence selon mon état. Séquence à venir qui ne s'enclenche pas. Flanche l'élan divin qui habituellement m'inspire et me tient, comme à tenir le manche de cet instrument à plancher, il me semble pourtant bien tenir ma revanche sur ton insolente fin. Car c'est peu dire que j'y tiens, à ma pierre d'Alain, elle qui ne demande qu'à bâtir, aux vertus que je perçois astringentes via ma mine qui s'applique, que je m'astreins et m'évertue en ce vingt-cinq du mois, quoiqu'en vain, à polir à la verticale d'un cahier au grain fin, mais qui vraiment, aujourd'hui, mes aspérités au cœur et au ventre à apaiser ne parvient.

Demain, cela fera neuf mois. Contractions du bâton de plomb comme autant de douleurs persistantes, et ce lot de consolation, dont j'attends absolument qu'il com*panse* celui des malheurs, qui n'advient pas.

SINCE 1913 HIGH QUALITY Tombow – 8900 HB est-il sur mon crayon de bois inscrit. Corps alité sur papier que je contemple de dépit, Dame Inspiration, à mon grand dam, semblant avoir déguerpi. Qu'un bon copain en trois fois quatre exemplaires m'a remis. Un vrai frère, comme on dit ; qui, au-delà de s'être plié en quatre aux côtés de maints amis pour tenter de m'extraire du tréfonds de ma nuit, a encouragé pas à pas, au moyen de cet outil, mon désir brouillon, est venu en maintien de mes apprenties prétentions, a applaudi chacun des rebonds salutaires du poisson gisant à terre, quasi à l'agonie, a veillé au regain de mes élans valétudinaires, reléguant ainsi au rang des abandons temporaires les renoncements renégats. Douze crayons, douze mercenaires, tenus de servir en langue étrangère la réputation de la maison-mère. Douze doyens en leur fonction accomplis, par leur fiabilité anoblis, en faction, dignes dans leur étui, un kimono de carton, jaune ainsi le sceau des souverains au Japon. Tout de vert gainés, ils trônent, alignés, fin prêts à dégainer l'épaisseur de leur trait pour, à travers mots, nous y lover. Courtisans sages, sagement impatients à l'idée de nous coucher ici, ils sont les Vert-Galant, en somme, du monde de l'Écrit… Ouvrez la parenthèse : (cesse donc, Hélène, de pleurer, ôte la pierre du tombeau et laisse *tombo*[54] s'envoler ; suis son cours, symbole de courage et bravoure, qui plus loin va t'emmener, bien au-delà du concret, où se rencontre d'autres contrées).

Vingt-cinq avril deux mille vingt et un : mon inspiration au nez de mon crayon a manqué de se tailler.

Fermons ce volet.

---

[54] Signifie « libellule » en japonais, emblème de la marque de crayons éponyme *Tombow*.

XXVIII
L'élan sororal

J'aime parler à tes sœurs. Elles trois, qui ont été là pour moi les tout premiers mois. Les premiers temps. Les plus fluctuants. Qui ont tenu le serment prêté avant de te laisser *aller* définitivement. À distance, mais là, intentionnellement. Parfois furtivement. Souvent intuitivement. Tour à tour pragmatiques, pudiques, sensibles, leurs appels ont la tonalité de l'authentique combinée au son de leur attention prononcée. Au chevet de mon désarroi, toutes trois se relaient, sans que besoin soit de se concerter. Relais en triplette, course de fond contre l'abandon, équipée fraternelle que mobilise spontanément la vie, les jours de joie comme de dépit, trois voix qui se complètent, pansent mes crises d'hystérie, me soumettent leurs réflexes par expérience acquis, leurs recettes de survie, posément répondent à mes *comment-surmonte-t-on*, admettent mes contestations, n'excluent aucune piste, ajoutent à ma réflexion. À un rythme tacite se sont réparti la mission. Se disputant même parfois ma consolation : à l'autre bout du fil, aux abois, s'épanche mon cœur qui bat pour toi, parle de nous, te poursuit au-delà de la ligne d'arrivée, et donc perpétue ta réalité… Tout ouïe, tes aînées étanchent en silence le flot insensé de mes *pourquoi*, de mes *pourtant* incessants et autres incantations désespérées dont je les saoule, endiguent à force de compréhension mon propos flou d'amour qui prétend défier le Léthé – car de boire mes propres mots jusqu'à la lie, est une lutte livrée contre l'oubli, restaure ta mémoire, la fortifie. *Léthé ou pas, je te le jure, Alain, nous ne t'oublierons pas*. Leur écoute agit tel un siphon par lequel s'écoule le surcroît de mes lamentations, et ainsi fond, comme par magie, mon fiel, et sur moi coule le miel, doux, de leur compassion. Leurs coups de téléphone ont suffi, tel un pont arc-en-ciel jeté au-dessus de l'Achéron, à confondre mes pleurs, assagir mes démons. Avec elles, je cessais, recrue, de me morfondre. Recrue, repue, ivre de mon leurre, ce débit pêle-mêle livrant querelle à la raison. Repue pour quelques heures, disons – amortit-on jamais une chute dans un puits sans fond ? Ta disparition est un labeur, Alain, auquel, mue en Sisyphe rageur, je me confronte. La réduction de peine est gageure, mais tes sœurs m'aident, ont l'entrain, motivent, pour qu'en scelle, je remonte.

Déleste-toi, Hélène, d'un poids vain…
Relève-toi, digne choix d'Alain,
Qui, même, dirait : affronte !
Votre Amour fait rempart au Tartare,
Tôt ou tard tarira ton chagrin…
Affranchis-toi ! Surmonte !

Trois sœurs. Trois cœurs. Trois tempi. Tantôt pragmatique, tantôt pudique, tantôt sensible, ai-je écrit, quand pas vindicative, leur sororité déploie à toutes fins sédatives sa gamme de sonorités, sensibilités diversement exprimées, dont les clefs sont mises à ma portée comme autant de possibilités, de voies à emprunter vers une issue apaisée, enfin… Trois voix qui font écho à ma nuit. Toutes trois par les aléas de la vie elles-mêmes aguerries. Milice au féminin, ronde de nuit, qui, si elle me fraye un chemin, de me l'imposer se garde bien – objective est la partition, en mode mineur se joue quoi qu'il en soit la fin, mais subjective demeure l'interprétation, où domine l'intensité qu'y déploie chacun. Aguerries, mais non endurcies. Ou alors de façade, comme le sont certains fruits – noix, figues, grenades, litchi… Rien de moins qu'un cocon protecteur, ferme abri qui renferme le délicat en son cœur. Aguerries, mais terriblement meurtries. Elles me l'avoueront aussi.

Pas notre petit frère, pas lui ! Notre pilier, notre fondation. Pas lui ! Oh ! Non ! Pas lui !

Pragmatique, la première me soutiendra sur un ton volontaire qu'il me faut avancer, qu'il n'y a rien d'autre à faire. *Ainsi va la vie*, effectivement…

J't'aime bien Lili,
Mais j'ai du mal à vivre cette vie,
Entre le silence et l'oubli[55]

Une semaine, un mois après les faits, puis quand viendra le jour de ton anniversaire : scandées selon un rythme calendaire seront ses prises de nouvelles ; dont sa fille, l'une de tes nièces, de onze ans ta cadette, *Marie-Poulette* que j'ai précédemment évoquée, prendra généreusement le relais, fermera la boucle via WhatsApp et ses commodités.

Pudique, des trois filles la benjamine détient en son prénom le bleu du ciel, voilé d'anis les jours de pluie. De la fratrie la plus discrète, elle attendra mes appels, patientera jusqu'à ce que je suive ses timides instances et qu'enfin je l'interpelle. Émue est son attention que je décrypte à l'autre bout de l'appareil. Son écoute est comme elle : fébrile, fragile, mais alerte, de notre conversation ne perd jamais le fil. Ta mort que je perçois tragique, son moment tellement inique selon moi, elle-même me le concède, conçoit ce désarroi pour en avoir fait le tour, pour connaître, éprouver, depuis longtemps déjà, le caractère douloureux, incontournable, de pareils tourments. *Allons bon ! Perdre son compagnon à l'aube de l'union ! Tout juste ensemble installés, quasi fiancés !* Il est des fins inaudibles, qui s'apparentent, pénibles, à de la malédiction, qui dans l'ordre des choses jamais n'apparaîtront. Ainsi une mère qui perd son fiston – réalité si abjecte que la langue française n'a prévu aucun nom. Faire sans et vivre avec. Faire face en

---

[55] Paroles de la chanson *J't'aime Bien Lili* par Philippe Chatel, paroles et musique de Philippe De Chateleux.

faisant front. Croiser le fer, serrer les dents. En tout état de cause, tenir bon en dedans. Et surtout : se soutenir, à cent pour cent. Ni plus ni moins, Alain, que ce que tu fis pour elle aussi, en son temps, parce que sang pour sang…

Quant à la troisième, la cadette, sensible et vindicative, ai-je à la fois écrit. Mon « homonyme », comme tu le disais si bien, Alain, toi qui nous reconnaissais certains points similaires, savais quelques-uns de nos choix de vie téméraires, l'adversité et les frustrations qui y furent parfois associées, mesurais surtout notre force à les transcender. Plus qu'un prénom, une parcelle de destin en commun. De celles qui choisirent de vivre avec passion, fin rompues à la bile amère du qu'en-dira-t-on, entières, faisant fi des inhibitions, ne sacrifiant rien sur l'autel des austères conventions, hostiles à ce genre de contrefaçons, libres, quittes envers elles-mêmes, quitte à en pâtir, pour qui vivre un enfer vaut toujours mieux que vivre sans façon. À elle souvent tu t'es confié, à ses conseils t'en es remis, à ne pas les suivre, une fois, dans de sales draps t'es fourvoyé, t'en es mordu les doigts, l'as eu dans l'os au bout de quelques mois… À elle souvent et judicieusement tu t'es fié, avant que de me passer imperceptiblement le relais, toi qui trépassas sur la pointe des pieds, avant qu'au creux de son oreille, comme en en suivant les contours, à leur tour les circonvolutions de mes réflexions, entre suppliques adressées au vide, plaintes et résolutions, se réfugient. La réception qu'elle fait de mes élucubrations est amène, avide, devin aussi, tendue comme une perche qui vient repêcher chacune de mes phrases qui se perd, pour finir par me repêcher moi, amère qui perds pied et me noie dans les méandres de la dénégation – l'évidence de ta fin sans cesse atermoyée par ma déraison. Jusqu'à tendre la main à quelques-unes de mes insinuations, semi-aveux par pudeur et un peu de gêne avortés dont, sitôt, cette femme accorte qu'elle est restée, invite, en toute franchise et complicité, à accoucher. Progressivement, à la faconde de l'une répond l'attention expansive de l'autre, ainsi une mer d'incertitudes qui se répand, turbide, puis se fond dans un océan limpide d'approbation ; et, de l'une à l'autre, l'affection que toutes deux l'on te porte, s'arrangeant des précisions incommodantes, bravant de l'écart des générations l'étanchéité, viendra bientôt à la barre des aimantes inspirées, comme en canon, de son propre écho se regorger. Sensible et vindicative, alors, mon « homonyme » sur mes déclamations chéries renchérira : « ce que tu as vécu avec Alain, Hélène, t'appartient, est à toi, et cela, rien ni personne ne te l'enlèvera. »

Combien je t'ai aimé, combien j'avais encore à te le prouver, combien cette vie à tes côtés je la souhaitais : comme pour conjurer le sort, j'éprouve l'ardent besoin de le dire, de le répéter, de nous revendiquer. Et ma logorrhée, dès lors, d'abreuver d'émotions qui nous honore de son intérêt.

XXIX
L'élan anesthésié

26 juillet 2021

J'ai beau vouloir, vaille que vaille, échapper à son vil diktat,
Semer l'ingrate, la mémoire de cette date me tiraille,
Traque la faille en l'exutoire et tient bien le cœur en tenaille.
Sur l'heure achoppe ma bataille : ce soir, mon élan échoue, mat.
Bien sûr, les messages, en hommage, en nombre affluent, m'assaillent ;
Suis contrainte à l'affrontement : un an que tu n'es plus.
Je n'oublie rien de nous pourtant : l'ombre de ce qui fut
Perdure, otage du déni ; sont grossis les détails.

***

Je n'ai pas lâché ma plume de la journée,
Grise, comme l'est ma mine de papier mâché.
Diluvien est le temps ; mon chagrin qui plus est.
À l'alexan-*drain* j'enjoins de l'évacuer.
(Un dernier pour la route, ô combien ardue… Foutre !)

XXX
L’élan défié

Second semestre 2021

La morsure de l’aube. Ce relent d’amertume qu’au réveil je ressens, qui me plante son croc bien comme il faut, me ressert, cynique, son étau qui systématiquement se resserre. Un couteau placé au ras de mon cou, qui de l’écorcher menace si jamais je tente de déglutir, d’avaler ma disgrâce. Sale crasse, injure acerbe crachotée à la figure de mes plans un à un échafaudés pour me refaire et dont elle ternit les effets, leur fait la nique et nulle grâce, leur tend l’échafaud en sa sentence, à l’aurore, quand je reprends conscience – *allons Hélène, avoue, ta vie était quand même mieux avant, avec lui* –, à l’aube d’un potentiel revirement, tandis que je me décarcasse, me cloue au poteau de l’insupportable évidence, ta mort en définitive, et le néant, suppôt de Satan, qui en résulte et encore trop souvent me supplicie, cloue, lui, sitôt le bec au moindre regain d’envie. Saloperie d’aigreur. Sirop acrimonieux qui, quoique je le déplore, suppure, irrévérencieux, entre les pores de ma rémission, ces orifices créés par moult et minutieux efforts que de son jus poisseux il sature et obstrue et par-là même de mon cauchemar compromet l’issue. Pernicieux comme l’est le cyanure, me prend à la gorge et me rive à l’obscur décor d’un renouveau encore immature, dès potron-minet, lorsque Morphée de son doux formol finit de me border, ses références au passé anesthésiantes cesse de me susurrer, du rêve, comas des mortels, brutalement m’extrait pour, au grand saut du lit, à la brume du continuum frontalement me confronter – à peine la Beauté vous a-t-elle happé que la réalité dans ce qu'elle a de plus vulgaire vous a rattrapé. Réalité qu'il faut bien que j'aborde, assume et endure, une fois désalitée, que ce dieu endo*morphin*e m'a rendue à mon sinistre sort diurne, poussiéreux comme l'est Saturne, fumeux ainsi mon veuvage officieux – parlons-en, tiens, de ce pseudoveuvage : un dérapage incontrôlé, malencontreux, au premier tournant de notre pari gaillard d'amoureux, ce virage non pas mal, mais juste non négocié, par nous deux absolument non négocié, pas même envisagé, une sortie à vive et funeste allure de notre lune de miel, du coup déconfite, consommée façon posthume, devenue fête de fiel, au funérarium vite consumée. La rature de notre cosignature. Un forfait déclaré de fait. Lisez donc entre les lignes spectrales de ce contrat désossé notre cassure – ma déconfiture.

Dame ! C'est qu'elle mord puissamment, semble-t-il, sciemment, cette raclure ! Dame Âcreté, qui toujours se présente à moi d'âpreté apprêtée lorsqu'au petit matin au répit enfin je prétends, quand justement, semble-t-il, je m'en sors, progressivement sors de mes tourments. Nan nan nan ! La viduité est une prison, un long passage à vide, une damnation pour la détenue avide de salut que je suis, et l'agent Ressentiment jouit de la probation. Rupture de deuil conditionnelle. Crénom de nom ! Dame Acrimonie en a décidé ainsi : faut-il seulement que la taularde soit forte et pour cela la teste et à elle se rappelle. Une fois encore redescendre de l'échelle, celle du temps qui prétendument libère, remordre la poussière, celle de tes cendres intégralement, toujours morfler, sur la pente ascendante déraper, se reprendre un mur, face contre terre, se retrouver, face aux faits – mon couple au caveau et ma vie dans le caniveau –, rebouffer de ce bitume austère à l'attrait d'un cimetière, de ma perte sèche renâcler toutes les aspérités, en avoir ma claque.

Sous mes chaussures, alors, de nouveau un pan grisâtre se dilate en guise d'horizon, de bas niveau, qu'arpente mon regard, noir sur toute chose porté depuis que mon élan ivre de vie s'est pris sa biture, dès la première tournée s'est cassé la figure, à vrai dire une bonne beurrée que cet arrêt de mort unilatéralement signé par je ne sais quel fêlé de l'au-delà, un fou, mais pas d'Elsa, un fou pour de vrai que je dénonce au nom d'Aragon et de Ferrat, un antipoète demeuré analphabète des sentiments, dont le royaume n'est que meurtrissures de l'âme, où errent indéfiniment les amants châtiés, un bourreau des cœurs – rancœur.

Oui, mon élan de vie dans le ciment de ta sépulture s'est coulé, neutralisé pour un temps dont j'ignore la durée, comme fossilisé.

Oui, décidément, Dame Aigreur triture, a la dent dure, très acérée, et son mors en ma bouche bien inséré, à m'en mordre les joues à sang de ne pouvoir, pour l'heure, vraiment me rebiffer, si ce n'est à coup de vains jurons à l'encontre de ce qui est. D'ailleurs, j'achève ici le récit du défi incessant que ma geôlière me livre, semblant me narguer à perpétuité, une épreuve réitérée ; pour preuve cet autre vêtement que mon Cerbère arbore, pimpant, sous mes yeux à peine entrouverts, quand du fardeau des pleurs je me sens un tant soit peu délestée et plaisir à la vie reprends : de l'habit des remords et consorts – honte, culpabilité de prétendre avancer sans ma moitié… – l'autre taré se pare et mon rétablissement comme un adversaire pourfend.

***

Janvier 2022

Je lis *Ci-gît l'amer. Guérir du ressentiment*, un livre de Cynthia Fleury, percutante analyse du sujet, disséqué au bistouri du discernement. Du dur pour qui endure. Encore un coup asséné par *France Inter* à ma culture. Une ouverture de mon esprit supplémentaire. Une entaille faite dans mes partis pris. Acheté l'hiver dernier, peu après sa sortie. Relâché à peine entamé. Puisqu'au chapitre quatre, âprement je lis (et bêtement m'en défends) que ma souffrance est focale, que j'alimente ma blessure, que je jouis de l'encore, qu'il faut clore et que je suis seule responsable de ne pas clore, que je me vautre en quelque sorte et me complais dans le victimaire. C'en est trop. L'auteure exagère. Puisque je n'exagère en rien le caractère atroce de mon tourment. Or, elle voit clair. C'est simplement qu'un semestre est trop juste, qu'il faut que je digère, que mon deuil s'ajuste, qu'il n'est pas encore temps de me détacher, évolution pourtant à me souhaiter. Car l'amertume est une perf' à double tranchant : perfusion salutaire dès lors que la transition progressivement s'opère, de la compensation d'un trésor déchu qui à travers elle perdure, vers une carence intégrée à force de diminuer l'apport ; perfidie mortifère dès lors que trop longtemps l'on s'y morfond et qu'alors le placebo agit en félon, se mue en poison. L'art d'une suture en somme, dont les dispositions du patient subordonnent la cicatrisation future : un fil au fur et à mesure par l'organisme absorbé, comme au fil du temps le ressentiment délité, ou au contraire son rejet, pire : une plaie surinfectée, un épanchement du mal sous-cutané, à ne plus pouvoir l'en déloger – l'escalade de l'aigreur ne s'apparente pas moins à une escarre qui vous nécrose le cœur.

Et donc, ce livre, dans un premier temps, je l'ai rejeté. Affreusement amère de t'avoir perdu que j'étais, deuil encore trop insuffisamment mature pour de ce cercueil du repli faussement protecteur, terriblement ravageur en fait, accepter l'idée de me défaire. C'était sans compter sur Eva Bester et sur la surenchère d'une de ses invitées en la matière. Son émission *Remède à la mélancolie* a beau avoir été remplacée en ce début d'année par *L'embellie*, voilà que l'on m'y ressert Cynthia Fleury et son *Ci-gît l'amer*. Perturbée plutôt qu'encouragée par cette invite tacite aux allures de revoyure – ce bouquin sur l'amer qui opportunément revient sur mes terres comme un bien vendu à réméré à son propriétaire –, j'en ai alors repris la lecture. Sans plus année de césure. Tant d'une proche et possible issue ses assertions, dès le chapitre dix-huit jusqu'auquel cette fois je parviens, m'assurent : « celui qui crée cesse d'être dominé », « Si l'œuvre est véritable, elle s'émancipera de fait », « des vies rouvertes alors qu'elles semblaient arrêtées »… etc.

Ainsi, de lire Cynthia Fleury j'ai accepté. Fleuri les marges de son livre de mes marques d'intérêt. Humé de ligne en ligne les prémices d'un printemps à renaître qui doucettement m'effleure l'esprit, à mes lèvres l'esquisse de quelques sourires butine. Et vers un mieux il semblerait qu'enfin je m'achemine : l'aube, désormais, de me blesser cesse et me caresse de sa promesse. Oui, mais… charge me laisse de l'incarner.

XXXI
L'élan mis en abyme

Samedi 26 février 2022 – Zénith de Lille

Je marche tout seul le long d'la ligne de chemin de fer
Dans ma tête y'a pas d'affaire
J'donne des coups d'pied dans une petite boîte en fer
Dans ma tête y'a rien à faire
J'suis mal en campagne et mal en ville
Peut-être un p'tit peu trop fragile
Allô maman bobo…[56]

Tel un fait exprès, c'est la chanson que Souchon a choisi d'interpréter en tout premier, en introduction de la déclinaison de son nouveau, dernier album studio, *Âmes fifties*, sacré par *les Victoires de la musique* « Album de l'année deux mille vingt », dont la date de tournée fut par trois fois, cause covid, différée. Trente-sixième cérémonie clôturant l'année du trente-sixième dessous. Sacrée putain d'année, en effet. Pour nous, comme pour beaucoup, l'année du déclin. Qui, pourtant, s'annonçait, ma foi, personnellement plutôt bien. Disons-le clairement : deux mille vingt s'annonçait l'année de nos destins convergents, quand, connement, juillet sonna le tocsin.

Souchon. Lui aussi, Alain de son prénom. Deux baby-boomers d'entre les baby-boomers, allaités au sein de Mère Dessein qui vous

---

[56] Allo maman bobo, Alain Souchon, Album *Jamais content,* 1977.

nourrit à vie d'un certain idéal commun, permanent, biberonnés aux douces et vraies valeurs, cocon protecteur sous lequel couve l'esprit libertaire inspiré par Brassens et autres tempéraments populaires, un chemin choisi, volontaire, construit avec, construit envers, quoi qu'il en soit construit quoi qu'il en coûte, d'un père émanant. Pères défunts, sortis de route brutalement, qui du même coup vous ont incités à tailler la vôtre, et votre pierre en passant, encore et toujours plus assidûment, ne pas y déroger, moyennant parfois de tourner en rond quelque temps.

Full of sentimental, encore et toujours le même idéal pour carburant, l'envie de tout autre chose, la poursuite du Graal sociétal, un absolu pour tous et sans exception, une vie en rose-bonté pour l'un, des tas de villes teintées de rose pour l'autre, une société plus rose, moins morose, éradiquée des épines du capitalisme à l'instar d'un énoncé du Congrès d'Epinay où ton engagement à toi, Alain, s'est enraciné – ériger les foules en rempart contre la houle du profit, du gain, du consumérisme à outrance, et faire barrage à l'outrage du chacun pour soi qui forcément en découlera.

Mais belle Hélène la lutte des classes
Mais belle Hélène la lutte des classes
On sait où ça nous mène hélas (Ménélas)[57]

Âmes fifties… À tous les *Bernard, Gérard, Alain, Micheline*[58], soixante-huit – soixante-quinze balais qui en font moins. Des intemporels auxquels les tiraillés qui composent ma génération tiennent, écartelés que nous demeurons entre la douce chanson, la belle tirade, promise du bal masqué joyeusement insouciant des années quatre-vingt, et la rouste reçue depuis – deux-mille vingt et son masque vilain au quotidien, au nom des vaccins l'appât du gain, au nom du maintien des relations le tout-écran pour seule option. Bernard, Micheline, Gérard, Alain… À ces témoins survivants d'un état d'esprit qui sûrement s'éteint, par-dessus le gouffre où sombre

---

[57] Titre *Debussy Gabriel Fauré*, Alain Souchon, Album *Âmes fifties,* 2019.
[58] Extrait du titre *Âmes fifties*, Alain Souchon, Album *Âmes fifties,* 2019.

l'authentique, le vrai rapport humain, certains de ma génération tiennent désespérément la main.

Je marche tout seul le long d'la ligne de chemin de fer
Dans ma tête y'a pas d'affaire...[59]

Alain Souchon au Zénith de Lille. Concert initialement annoncé le quinze mai deux mille vingt. Déprogrammé en raison de précautions sanitaires. Week-end dès lors remastérisé par nos soins, Alain, en version binaire, restés en couple, solitaire et enjoué, toute la soirée, où à l'ère déconfinée, enfin ! et aux projets nouveaux nous avons trinqué, au *Montdoyen* il va sans dire, dans une seule et même étreinte nous sommes retrouvés, confiants, aimants, sereins, sûrs et certains, sûrs de nous surtout. Concert une première fois reprogrammé, en vain, le quinze novembre deux mille vingt. Jour de ton anniversaire. Également vain. Versé cette année-là dans le mortuaire. Averse de chagrin. De ce concert pour toi offert, moi, seule, je n'ai plus que faire. Je passe mes journées à te pleurer, à nous braire, avec l'inconcevable, l'inacceptable croiser le fer. À ta disparition, brutale, instantanée, pour nous sans concession si ce n'est celle d'un cimetière, je ne parviens à me faire. Toujours pas. Aversion.

Qui donc a pu nous séparer ?
Debussy, Gabriel Fauré[60]*...*

Tandis que le long de la ligne de mon chemin de croix, ma ligne de ch'min de fer à moi, croissent les volontés impatientes, qui sous couvert de bienveillance (car à leur bienveillance je crois) m'exhortent (et donc m'excèdent) à prestement panser, à toute autre chose penser. Et pourquoi donc, s'il vous plaît ? Parce que faire corps avec la mort et sa réalité, pourtant pan intégrant de la vie, vous déplaît ? Parce que, sans doute aussi, effraie. Sans compter les impertinents qui à côté

[59] Allo maman bobo, Alain Souchon, Album *Jamais content,* 1977.
[60] Titre *Debussy Gabriel Fauré*, Alain Souchon, Album *Âmes fifties,* 2019.

croassent, quand pas sous cape nous dégueulassent, me froissent de leurs propos affligeants – « Il est mort à quel âge déjà ? Et ça fait combien de temps ? Un an ? Et toujours pas remise pourtant ? » –, oiseaux de malheur qui à l'heure de mon retour au labeur se tinrent là, fin prêts à picorer un peu de ma douleur par leur vice ressassée, à venir becqueter dans l'auge de on-dit insensés et ainsi se repaître de rumeurs délétères – « Mais il est mort de quoi exactement ? Il paraît qu'il était en dépression, non ? »… De leur voler dans les plumes je me suis retenue et bien plutôt la plume j'ai tenue ; répondu à demi-mot, feint le détachement, contenu la rébellion, mis fin à la prise de bec avant même son commencement. *À raconter ses maux on les soulage* a écrit Corneille, et, effectivement, l'art d'écrire à cor et à cri ce que tous deux avions vécu de beau, m'a soulagée du regard crispant des corbeaux.

Vingt-six février deux mille vingt-deux. Nous y sommes enfin. Souchon a pris son temps, mais finalement s'y tient. Qu'il soit remercié de ce service qu'inconsciemment il me rend – je conçois dans ce report demeuré sine die des mois durant, un rapport certain avec l'appropriation de l'idée de ta mort, Alain, une troublante coïncidence que d'aucuns préféreront qualifier de synchronicité, terme qui tout autant me convient, un laps de temps concordant, remarquablement synchrone avec la fin des va-et-vient de mon deuil, ses regains de chagrin jusqu'alors constamment latent. Un *LA* entonné en temps opportun, en somme. Vingt-six. Comme le vingt-six juillet deux mille vingt. Le jour de ton départ soudain. Un an et sept mois que tu n'es plus là. Et voilà qu'enfin, je sens poindre le bourgeon, je ressens une once d'*en-vie*, perçois un souffle fécond, de nouveau j'entrevois l'horizon. Bien sûr, j'éprouve toujours le relent douloureux, qui rejoue souvent son mélo refrain, allo bobo Alain, mais son goût m'apparaît plus doux. Bien sûr, je côtoie encore le tourment, crains un impossible rebond, redoute déjà l'insatisfaction d'un après en deçà de nous, doute plus que jamais d'un au-delà de toi qui conséquent soit. Mais, et c'est un fait, j'avance, et chacun de mes pas me fait l'effet de la propulsion du tien, une passation en soi, un élan que tu m'aurais insufflé.

Évidemment, chacun de ces pas comporte dorénavant une part de toi, bon ou pas, même faux ou de côté, est imprégné de toi – *é-vi-demment*.

Vingt-six février deux mille vingt-deux. J'assiste, seule, au concert de Souchon qui me renvoie une seconde au jour de sa réservation : je nous revois en discuter, nous revis en couple, pour le coup, lui, définitivement ajourné. Je n'en nourris plus trop d'amertume. Sur mon rang, telle une sournoise provocation des cieux, sont assis deux couples amoureux, de part et d'autre de là où aurait dû s'asseoir le nôtre. Peu m'importe. Ton siège est certes en apparence vacant, mais seule la certitude du *nous* m'assiège. Car après tout, ainsi que le chante Souchon :

C'est presque toi, presque moi, ces amoureux dans la cour
C'est presque nous, presque vous, c'est presque l'amour[61]

Et t'écrire, Alain, qu'à Lille, ce soir, non loin de la *Grand'Place*, sur scène, j'avais le profil de Souchon de face, et que dans son *Presque* et que dans cet air flottait un soupçon d'éponyme, sorte de répercussion anonyme, une mise en abyme de notre vécu romanesque – il s'en est fallu de tellement peu, on y était tellement presque… Tu es décidément un homme de grand relief.

---

[61] Titre *Presque* par Alain Souchon, auteurs Alain Souchon et Edouard Bear, compositeur Ours, Alain Souchon, album *Âmes Fifties,* maison de production Parlophone/Warner Music, année de production 2019.

XXXII
L'élan demain qui chante

Dimanche 26 juillet 2020 – 17 h 30 – Lille

Je suis bien arrivée. Trop tard. Quoiqu'à l'heure dite. Comme l'on s'était dit. Juste à temps pour un ciné. Je me souviens. Précisément. M'être garée près de chez nous, bien à l'heure, légèrement à l'avance même, comme à l'accoutumée. Une habitude que j'estimais saine, sacro-sainte politesse des reines, mais qui toi, tout au contraire, t'indisposait. Et pour cause : *au diable la dernière cigarette, Hélène est déjà là, Hélène est déjà prête !* C'est ce que, spontanément, j'ai pensé, étonnée qu'à mon second coup de sonnette tu n'accoures toujours pas, que tes bras, à l'ordinaire grands ouverts pour me serrer contre toi, cette fois-ci ne se hâtent pas : Alain est en train de fumer, de s'en griller une, derrière, tout au fond du jardin, pour que surtout, à mon arrivée, rien n'empeste, que je ne remarque rien, que je ne peste pas une fois de plus contre sa faiblesse, ce mal sournois… et il ne m'entend pas, reste sourd à l'appel de la rue, de ma joie qui sous mes doigts le hèle. Programmé à dix-huit heures, *Été 85*, film de François Ozon que nous voulons absolument voir avant d'aller dîner à *La Bella*, lui, ne nous attendra pas. Alors, un peu défaite, le cœur déjà moins à la fête, je me suis décidée à entrer. Car oui, évidemment, j'ai la clef. *E-vi-dem-ment*. Seulement, je tiens à ce rite amoureux dès nos débuts instauré, nous y tenons tous deux, cette impression d'une invitation indéfiniment réitérée, davantage qu'un couple installé nous sentir amants intermittents, dans l'interstice des trop-pleins quotidiens toujours songer à nous réinventer, sembler nous retrouver, nous étonner… Alors tant pis. Entrons et faisons comme si.

L'ensemble m'a paru serein. Étrangement serein. Pleinement serein. Voilà ce que je retiens. Une douce immersion dans un bain de lumière, jaune d'or dont l'astre au-dehors pare le jardin d'hiver ; à travers la baie entrouverte, qu'encerclent les roses magnifiquement écloses sous le couvert de ta main verte, je distingue Soho, ton *champion* de chat, champion des gouttières, disons plutôt !, de la pâtée et du farniente, aimé-je à te taquiner, qui sur le muret tout juste repeint par tes soins se détend ; étendu au-dedans, archi sec est le linge, propre, frais, délicatement odorant, dont l'apparition dans mon champ de vison soudain me surprend et m'extirpe d'un certain engourdissement, prescient… *Comment se fait-ce qu'il ne soit pas déjà dépendu et rangé ?* Ce n'est que dans un second temps que je me suis rendu compte, réellement. Inerte, ton corps, par terre, au pied de la table où chaque dimanche matin studieusement tu travailles, tes lunettes sur le nez restées parfaitement ajustées, point de champ de bataille – ci-gît Dignité. Tout est là. Tout est dit. Là, sur cette table. Via ce triptyque ainsi exposé, politico-éthico-authentique, véritable marque de fabrique, par toi créé, au seuil de ta mort déposé, sans vraiment l'avoir toi-même supposé. Qui davantage que mes pages nous parle de toi : primo, le dossier pour l'université d'été à Blois que tu tiens prêt ; secundo, l'itinéraire de nos vacances en famille que tu as détaillé ; tertio, la lettre, cette lettre que ce soir tu prévoyais de me remettre, ici sous mes yeux éplorés déployée, demeurée inachevée ainsi *Le manuscrit* de Franck Thilliez offert lors de notre crémaillère… ultime déclaration qui pleut ses aveux comme pour nettoyer ce qui doit l'être et permettre que le cœur de nouveau le sublime sécrète – le sceau de ton amour décrété avant le grand saut, ta dernière lettre, secrète, que je n'aurai pas à décacheter –, et à côté, tout à côté, ton stylo décapuchonné… Je retiens mon souffle. Une fin ouverte sur un été, non pas 85, non plus Léthé, surtout pas, mais à poursuivre sans toi, la foi en nous pour visa.

Là, tout n'est qu'ordre et beauté[62]. Calme et sérénité, je dirais. Ce que ton prénom même signifiait. L'harmonie. Le terme que j'ai naturellement choisi lorsque ton frère m'a posé la question des circonstances de ta disparition. Pour le reste, ce que mes larmes ont honni, ma terreur, mes cris, mon hystérie, sans compter la violence des faits qui se sont enchaînés et contre moi déchaînés, je préfère gommer.

[62] *L'Invitation au voyage*, Charles Baudelaire.

Épilogue

Juin 2022

Étrange coïncidence ou signe du destin. À l'heure des législatives, Alain, où l'extrême droite par le jeu de vilaines entremises sur *la 5e circon* a raflé la mise, et nos valeurs n'a pas qu'éraflées, j'achève mon manuscrit. Certes, non celui envisagé, non celui entamé avant ton décès, mais bien mieux à dire vrai : le récit d'un amour qui, lui, fut heureux, et qui, même s'il s'inscrit dans une époque désormais révolue, anticipe ma vie d'après, le moment où, de ton fait, enfin je m'émancipe. Non politiquement, mais en écrivant. Que pour l'instant, justement, je ne milite plus. Que sur le fumier des déconvenues, la rose non éclose en le verbe « oser » s'est mue et sous l'effet de son pluriel – ta rose et la mienne anagrammées telles nos deux vies amalgamées –, quelque chose d'autre, de beau, de l'ordre de l'« essor », est advenu. Paradoxale vertu. Ainsi, je te dédie ces trente-deux chapitres au nom de la Rose et bien plus, au nom de notre histoire épique, trente-deux mois intenses auprès de toi vécus, trente-deux mois, mais non trente-trois, qui veut comprendra… Trente-deux comme entre nous autant d'écart d'ans. Histoire dont le mot de la fin évidemment te revient, *é-vi-dem-ment* :

À Hélène M., qui, elle aussi, a choisi de rester maître de son avenir, d'être elle-même, dans toute sa plénitude, avec ses talents. Ensemble, et solidaires,[64] *nous construirons, en sublimant un passé douloureux, un avenir radieux où son éclat illuminera le quotidien. Avec tout mon amour.*

Lettres à Hélène, Alain C.

PS : Tu sais qu'je t'aime ?

---

[64] Référence directe au slogan de la Fédération des Offices Publics de l'Habitat « Ensemble, solidaires et pour longtemps », publication de janvier 2018.

Remerciements

Merci à Fabrice Lanvin, jalon de ma cicatrisation, le Boris Cyrulnik de toutes mes saisons[65], qui m'a fait tenir bon et surtout tenir coûte que coûte le crayon. Je lui dois d'avoir tant écrit, continué à tout prix, d'écrire encore et toujours aujourd'hui, par définition : de tenir de nouveau à la vie au point de vouloir en réitérer certains pans par mon récit.

Merci à Olivier Hennerez, consultant senior, véritable maître d'œuvre de nos jardins intérieurs, intraitable quant au choix de l'engrais le plus adapté : il a aidé à revigorer la rose désagrégée dessous le fumier.

Merci à Sabine Leleu, pianiste virtuose, rencontre vertueuse, d'avoir redonné vie à la partition enfouie…

Merci à Maître Benoît Titran d'avoir remis d'aplomb le fil de mes interrogations.

Merci à mes proches, (belle-) famille ou amis : inutile de les lister ici, dans ces quelques pages, leur apport précieux est inscrit.

Merci à tous ces enseignants d'autrefois aussi, instits, profs, qui, sans que la question de ma vocation à l'époque se posât, déjà croyaient en moi. Lisaient cours après cours mes rédactions, mes dissertations, à haute et intelligible voix. Me mettant très mal à l'aise, il va de soi. Mais me rendant intérieurement quelque peu fière de moi. Arguant que ne pas partager ce que j'avais écrit eût été du gâchis. Souvent, à ces épisodes scolaires de ma vie, dans l'adversité, je me suis rattachée, et, grâce à eux, j'ai renoué avec ma confiance enfuie parce que trop enfouie, et souvent je me suis ressaisie. Que l'École de la République poursuive ainsi.

Merci enfin à celles et ceux qui m'inspirent et dont l'influence à travers mes lignes transpire.

---

[65] Allusion directe à *Des âmes et des saisons*, essai du neuropsychiatre Boris Cyrulnik.

Imprimé en Allemagne
Achevé d'imprimer en janvier 2024
Dépôt légal : janvier 2024

Pour

Le Lys Bleu Éditions
40, rue du Louvre
75001 Paris